CATALOGUE
DES BRONZES

POUR LES ÉGLISES

ET DES VASES SACRÉS

DE

Choiselat-Gallien et Poussielgue-Rusand,

FABRICANTS

de N. S. P. le Pape.

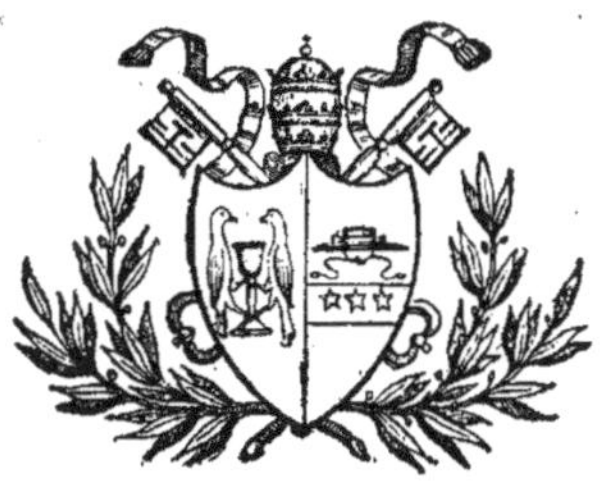

A PARIS,

RUE CASSETTE, N. 36,

PRÈS DE SAINT-SULPICE.

1846

CATALOGUE

DES BRONZES

POUR LES ÉGLISES

ET DES VASES SACRÉS

DE

CHOISELAT-GALLIEN ET POUSSIELGUE-RUSAND,

FABRICANTS

de N. S. P. le Pape.

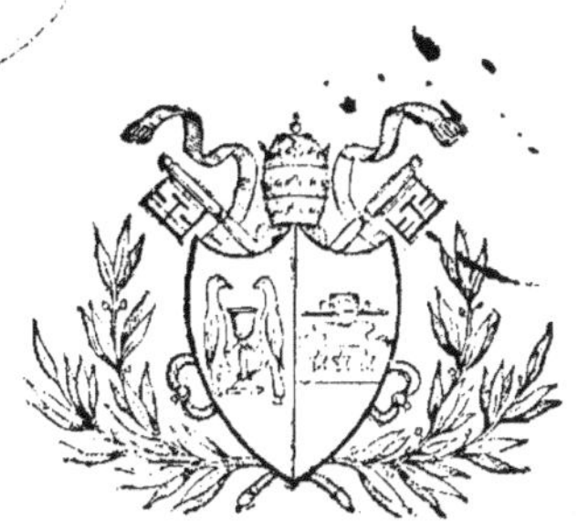

A Paris,

RUE CASSETTE, N. 36,

PRÈS DE SAINT-SULPICE.

1846

M.

Nous avons l'honneur de vous adresser une nouvelle Notice de tous nos prix avec les dessins gravés de nos modèles. Si vous avez l'occasion de les comparer avec ceux de nos confrères, vous pourriez apprécier par vous-même combien sont peu fondés certains bruits accrédités par la malveillance sur le prix actuel de nos produits, qui sont et seront ce qu'ils ont toujours été, aussi beaux que solides et durables, quelle que soit la diminution que nous avons réussi à leur faire subir, et quel que soit le procédé de dorure et d'argenture dont nous nous servions. Car nous vous prions de bien remarquer que pour les nouveaux procédés comme pour les anciens on peut avoir de bons comme de mauvais produits. Tout dépend de la quantité d'or et d'argent qu'on emploie, et que l'acheteur ne peut pas malheureusement apprécier quand un objet est neuf, puisqu'alors pour les uns comme pour les autres l'éclat est le même ; le temps seul fait voir plus tard le fabricant qui a trompé la confiance qu'on lui a accordée et celui qui s'en est montré digne. Au reste on trouvera dans la Notice les prix de la dorure de première qualité, comme nous l'avons toujours faits, et de celle de qualité inférieure dite du Commerce.

Nous engageons de vous appeler votre attention sur nos nouveaux modèles de style gothique.

Nous sommes avec un salut, et respectueux dévouement,

M.

Vos très humbles serviteurs.
Christofle, Gallien et Pouffedigue-Beaumont.

CHANDELIERS D'AUTEL. *

N. 1. *Chandeliers simples à gaudrons.*

HAUTEUR		PRIX DE LA PAIRE.			
Métrique.	Ancien SYSTÈME.	VERNIS couleur d'or	ARGENTURE 1ᵉ qualité.	DORURE du commerce	DORURE 1ᵉ qualité.
Centimètres.	Pouces.	Fr.	Fr.	Fr.	Fr.
36	13	15	25	55	60
45	16	20	30	65	70
50	18	25	35	80	85
56	21	30	42	95	105
63	23	36	50	115	125
68	25	42	60	130	140
73	27	48	70	145	155
78	29	55	85	175	190
85	32	75	105	220	240
100	37	110	160	325	350
113	42	170	220	425	450
120	44	190	250	475	500
130	48	240	300	525	550
140	52	290	350	720	750
165	61	600	900	1250	1300

N. 2. *Chandeliers à feuilles d'eau.*

Métrique.	Ancien SYSTÈME.	VERNIS couleur d'or	ARGENTURE 1ᵉ qualité.	DORURE du commerce	DORURE 1ᵉ qualité.
36	13	18	30	65	70
45	16	25	36	75	80
50	18	28	42	88	95
56	21	35	55	110	120
63	23	42	62	125	135
68	25	55	75	150	160
73	27	60	85	170	180
78	29	72	105	195	210
85	32	96	130	260	275
100	37	140	185	370	390
113	42	190	265	475	500
120	44	210	280	560	600
130	48	260	325	650	700
140	52	310	390	780	830
165	61	700	1000	1500	1550

* Le prix des croix assorties et proportionnées est le même que pour une paire de chandeliers.

N. 3. Chandeliers dits du Sacré-Cœur.

HAUTEUR		PRIX DE LA PAIRE.			
Métrique.	Ancien SYSTÈME.	VERNIS couleur d'or	ARGENTURE 1re qualité.	DORURE du commerce	DORURE 1re qualité.
Centimètres.	Pouces.	Fr.	Fr.	Fr.	Fr.
65	24	110	150	225	250

N. 4. Chandeliers romains à aigles et lions.

Métrique.	Ancien SYSTÈME.	VERNIS couleur d'or	ARGENTURE 1re qualité.	DORURE du commerce	DORURE 1re qualité.
57	22	300	»	500	550
75	28	500	»	800	850

N. 5. Chandeliers dits de Saint-Vincent-de-Paul.

(Modèle riche, avec anges.)

Métrique.	Ancien SYSTÈME.	VERNIS couleur d'or	ARGENTURE 1re qualité.	DORURE du commerce	DORURE 1re qualité.
150	55	1050	»	2000	2200

N. 6. Chandeliers dits de Saint-Vincent-de-Paul.

Métrique.	Ancien SYSTÈME.	VERNIS couleur d'or	ARGENTURE 1re qualité.	DORURE du commerce	DORURE 1re qualité.
60	22	80	120	180	200
68	25	100	150	220	240
76	28	120	180	275	300
88	32	150	220	330	360
100	37	220	310	490	525
113	42	280	380	570	610

N. 7. Chandeliers dits de Notre-Dame-de-Lorette.

Métrique.	Ancien SYSTÈME.	VERNIS couleur d'or	ARGENTURE 1re qualité.	DORURE du commerce	DORURE 1re qualité.
65	24	90	125	190	200
70	26	120	150	230	250
75	28	145	180	280	300
85	32	200	280	400	420
100	37	250	350	500	525
113	42	300	450	600	630
120	44	370	525	725	760
130	48	550	750	1050	1100
140	52	625	850	1150	1200
160	60	950	1350	1900	2000

N. 8. Chandeliers dits de Saint-Germain-l'Auxerrois.

TRIANGULAIRES.

HAUTEUR		PRIX DE LA PAIRE.			
Métrique.	Ancien SYSTÈME.	VERNIS couleur d'or	ARGENTURE 1re qualité.	DORURE du commerce	DORURE 1re qualité.
Centimètres.	Pouces.	Fr.	Fr.	Fr.	Fr.
67	25	125	180	275	360
73	28	165	240	325	350
85	31	230	300	425	450
100	37	300	375	540	590
113	42	390	540	675	725
120	44	475	600	790	840
130	48	600	850	1150	1200
160	60	1100	1500	1950	2000

N. 9. Chandeliers dits de Saint-Denis.

exécutés pour le sacre de Charles X, pour les cathédrales de Besançon, d'Auch, de Saint-Denis, et les paroisses Saint-Sulpice et Saint-Germain-des-Prés, etc.

162	60	1200	1800	2300	2400

Chandeliers gothiques.

NUMÉROS.	HAUTEUR		PRIX DE LA PAIRE.			
	Métrique.	Anc. syst.	VERNIS couleur d'or	ARGENTURE 1re qualité.	DORURE du commerce	DORURE 1re qualité.
	Centim.	Pouces.	Fr.	Fr.	Fr.	Fr.
10	60	22	140	190	260	290
10 bis	60	22	170	240	300	330
	50	18	120	200	250	270
	60	22	160	240	300	330
37 pag. 24	68	25	190	280	375	400
	75	27	220	325	425	450
	85	30	250	380	525	550
	100	36	280	430	625	650
	50	18	100	170	200	220
	60	22	120	200	250	270
38 pag. 24	68	25	150	240	320	340
	75	27	180	280	350	375
	85	30	220	335	425	450
	100	36	260	385	525	550
44 pag. 30	126	46	1100	1600	1900	2000

CHANDELIERS D'ACOLYTES.

N. 11. *Chandeliers simples à gaudrons.*

HAUTEUR		PRIX.			
Métrique.	Ancien SYSTÈME.	VERNIS couleur d'or	ARGENTURE 1re qualité.	DORURE du commerce	DORURE 1re qualité.
Centimètres.	Pouces.	Fr.	Fr.	Fr.	Fr.
35	13	15	22	50	60
41	15	19	25	65	75
49	18	22	33	80	90
57	21	30	40	105	115
65	25	40	60	130	140

N. 12. *Chandeliers d'Acolytes riches, feuilles d'achante.*

60	22	65	90	140	150
68	25	90	130	180	190

CROIX DE PROCESSION.

N. 13. *Simples avec rayons, sans bâtons.*

70	27	25	40	»	»
76	29	30	45	»	»
82	31	35	52	»	»
87	33	40	60	»	»
95	35	50	70	»	»
100	37	60	80	»	»
111	41	70	95	»	»

BÂTONS POUR LES CROIX SIMPLES.

Petits,   14 fr. vernis couleur d'or, 20 fr. argentés 1re qualité.
Moyens,   17   id.   22   id.
Grands,   19   id.   25   id.

N. 14. *Croix riches estampées, avec bâton ciselé.*

100	37	120	180	280	300
105	39	130	200	300	325
115	42	150	240	350	380

N. 15. Croix de célébrant, ou à reliquaire.

(En supprimant le Christ.)

| HAUTEUR | | PRIX. | | | |
Métrique.	Ancien SYSTÈME.	VERNIS couleur d'or	ARGENTURE 1re qualité.	DORURE du commerce	DORURE 1re qualité.
Centimètres.	Pouces.	Fr.	Fr.	Fr.	Fr.
41	15	20	28	60	65
46	17	25	33	70	75
51	19	28	38	90	100
60	22	35	50	110	120
70	26	50	75	130	140

N. 16. Croix à reliquaire riche.

51	19	250	300	375	400
70	26	400	550	600	650

CANDÉLABRES.

N. 17. Candélabres ou Chandeliers divers surmontés de girandoles.

| HAUTEUR | | NOMBRE des LUMIÈRES. | PRIX DE LA PAIRE. | | |
Métrique.	Ancien SYSTÈME.		VERNIS couleur d'or	DORURE du commerce	DORURE 1re qualité.
Centimètres.	Pouces.		Fr.	Fr.	Fr.
50	19	4	160	180	210
60	22	4	150	250	270
70	26	6	250	350	380
89	33	7	500	750	800
111	41	9	820	1200	1300
200	74	11	1600	2400	2500
385	138	13	13000	16000	16500

N. 18. Candélabres style renaissance.

68	25	6	180	350	375
78	29	6	250	500	550
90	33	6	330	650	700

CANDÉLABRES FORMÉS DE FLAMBEAUX A GRIFFES, SURMONTÉS DE GIRANDOLES A 3 ET 4 LUMIÈRES.

Vernis, de 40, 60, 70, 80, 120 fr.

Dorés, 90, 160, 200 fr. et plus.

N. 19. Candélabres à anges, surmontés de girandoles.

HAUTEUR		NOMBRE	PRIX DE LA PAIRE.		
Métrique.	Ancien SYSTÈME.	des LUMIÈRES.	VERNIS couleur d'or	DORURE du commerce	DORURE 1re qualité.
Centimètres.	Pouces.		Fr.	Fr.	Fr.
76	29	3	230	475	500
76	29	4	270	525	550
80	31	6	350	600	650
90	33	7	435	650	700
90	33	9	500	750	800

LUTRINS.

N. 20. Lutrin à aigle.

HAUTEUR		PRIX.			
Métrique.	Ancien SYSTÈME.	VERNIS ou bronzés.	DORÉS et bronzés.	DORURE du commerce	DORURE 1re qualité.
Centimètres.	Pouces.	Fr.	Fr.	Fr.	Fr.
255	94	2300	2500	4000	4200

TABERNACLES.

(Sans expositions.)

NUMÉROS.	HAUTEUR		LARGEUR		PROFONDEUR		PRIX.	
	Mét.	Anc.	Mét.	Anc.	Mét.	Anc.	DORURE du commerce	DORURE 1re qualité.
	Cent.	Pouces	Cent.	Pouces	Cent.	Pouces.	Fr.	Fr.
21	120	44	85	32	75	28	3800	4000
22	115	42	75	28	75	28	4000	4200
23	110	40	75	28	55	21	1800	1900
24	85	32	65	24	50	18	1600	1700
25	120	44	85	32	65	24	3000	3200
26	110	40	80	30	65	24	2800	3000
27	95	34	75	28	63	23	4500	4700
29	95	34	65	24	50	19	2200	2300

EXPOSITIONS.

NUMÉROS.	HAUTEUR		LARGEUR		PRIX.		
	Mét.	Anc.	Mét.	Anc.	VERNIS couleur d'or	DORURE du commerce	DORURE 1re qualité.
	Cent.	Pouc.	Cent.	Pouc.	Fr.	Fr.	Fr.
25	1 20	44	60	22	600	1000	1100
	1 40	42	70	26	700	1200	1300
26	1 10	42	70	26	275	600	650
	1 30	46	80	30	350	800	850
28	2 »	72	85	32	1800	3000	3200
	1 50	54	85	32	1200	2000	2100

Ces mesures des tabernacles et des expositions peuvent être modifiées suivant l'emplacement. Les prix subiraient dans ce cas une augmentation ou une diminution progressive. Cette observation s'applique également aux portes de tabernacle.

PORTES DE TABERNACLE.

21	70	26	35	13	190	300	325
22	65	24	35	13	220	350	375
23	50	19	30	11	110	180	190
24	45	17	28	10	90	150	160
25	67	25	37	14	260	400	425
26	65	24	33	12	160	250	270
29	58	22	35	13	140	220	240
33	45	17	27	9	80	140	150
34	60	22	35	13	220	350	375

BAS-RELIEFS
pour devants d'autel.

28	45	17	70	26	140	220	240
29	55	21	110	41	280	400	425
»	75	28	310	125	5000	7000	7200
»	40	15	95	34	1000	1400	1500
»	50	19	50	19	140	220	240
»	40	15	40	15	80	140	150
30	60	22	95	34	280	400	425
31	45	17	85	30	140	220	240
32	60	22	95	34	280	400	425
35	35	13	75	28	230	350	375

RELIQUAIRES.

NUMÉROS.	HAUTEUR		LARGEUR		PROFONDEUR		PRIX.			OBSERVATIONS.
	Métrique.	Anc. Syst.	Métrique.	Anc. Syst.	Métrique.	Anc. Syst.	VERNIS coul. d'or.	DORURE du comm.	DORURE 1re qualité.	
	Cent	Pouc.	Cent	Pouc.	Cent.	Pouc.	Fr.	Fr.	Fr	
36	78	29	46	17	33	12	750	1100	1150	Saint-Sulpice.
»	57	21	8	3	8	3	70	125	135	Carré sur les 4 faces.
39	38	14	16	6	11	4	38	75	85	A une ogive de face.
	41	15	19	8	11	4	48	85	95	A deux ogives.
	41	15	24	10	11	4	60	100	110	A trois ogives.
40	51	19	30	11	18	7	120	200	220	A deux ogives.
	51	19	40	15	18	7	180	300	330	A trois ogives.
41	111	41	65	24	43	16	800	1200	1300	A trois ogives de face.
	124	46	130	48	60	22	2200	3000	3200	A cinq ogives.
	124	46	160	60	60	22	2500	4000	4200	A sept ogives.
42	65	24	51	19	33	12	650	1000	1050	Versailles.
43	58	21	45	16	27	10	300	500	550	Alger.
»	51	19	»	»	»	»	80	140	150	Forme ostensoir.
»	65	24	»	»	»	»	110	180	200	Idem.

BÉNITIERS ET GOUPILLONS.

N. 46. *Bénitiers simples.*

DIAMÈTRE		PRIX.			
Métrique.	Ancien SYSTÈME.	VERNIS couleur d'or	ARGENTURE 1re qualité.	DORURE du commerce	DORURE 1re qualité.
Centimètres.	Pouces.	Fr.	Fr.	Fr.	Fr.
9	3 1/2	18	22	»	»
11	4	20	25	»	»
13	5	22	28	»	»
15	5 1/2	25	32	»	»
17	6	30	38	»	»

N. 47. *Bénitiers riches, ciselés.*

9	3 1/2	22	30	75	85
11	4	25	33	90	100
13	5	28	36	110	120
15	5 1/2	32	42	130	140
17	6	38	50	150	160

N. 48. *Bénitiers gothiques.*

16	6	150	180	220	240

BAISERS DE PAIX.

NUMÉROS.	PRIX DE LA PAIRE.			
	VERNIS.	ARGENTÉS.	DORURE du commerce	DORURE 1re qualité
	Fr.	Fr.	Fr.	Fr.
49	22	35	60	65
50	25	40	70	75
51	22	35	60	65

LAMPES

N. 52. *Lampes ordinaires, avec chaines et verres.*

DIAMÈTRE		PRIX.			
Métrique.	Ancien SYSTÈME.	VERNIES couleur d'or	ARGENTURE 1re qualité.	DORURE du commerce	DORURE 1re qualité.
Centimètres.	Pouces.	Fr.	Fr.	Fr.	Fr.
11	4	32	38	»	»
14	5	39	46	»	»
17	6	45	52	»	»
20	7	52	60	»	»
23	8	66	75	»	»
26	9	75	90	»	»
29	10	100	120	»	»

N. 53. *Lampes antiques,*

ORNÉES DE TÊTES D'ANGES, ET ENROULEMENTS AVEC CHAINES.

24	9	45	60	120	130
27	10	65	85	150	160
30	11	70	95	190	260
33	12	80	105	205	220
36	13	110	145	220	240
39	14	120	155	270	300
42	15	140	180	300	325
45	16	150	200	325	350
48	17	160	220	375	400
51	19	190	250	450	475
54	20	250	300	500	540
65	21	250	500	800	850

N. 54. *Lampes ornées d'enfants mi-corps,*
POUR SUPPORTER LES CHAINES.

DIAMÉTRE		PRIX.			
Métrique.	Ancien SYSTÈME.	VERNIES couleur d'or	ARGENTURE 1re qualité.	DORURE du commerce	DORURE 1re qualité
Centimètres.	Pouces.	Fr.	Fr.	Fr.	Fr.
41	15	275	380	500	550
48	17	300	440	650	700
60	22	400	550	800	850
81	30	1300	1700	3000	320

N. 55. *Lampes très riches,*
EXÉCUTÉES POUR SAINTE-GENEVIÈVE ET LA CATHÉDRALE D'ALBY.

81	30	1500	1900	3400	3600

NOTA. Les prix de ces lampes peuvent varier, selon qu'on en augmentera ou en diminuera les ornements.

Lampes gothiques.

Nos						
56	25	6	200	»	375	400
	19	7	150	»	300	325
57	46	17	850	»	1350	1450
58	50	19	900	»	1400	1500
45	55	20	900	»	1400	1500

page 30

ENCENSOIRS.

N. 59. *Encensoirs ordinaires avec navelles et chaines.*

DIMENSION.	PRIX.			
	VERNIS couleur d'or	ARGENTURE 1re qualité.	DORURE du commerce	DORURE 1re qualité.
	Fr.	Fr.	Fr.	Fr.
Petit	20	25	50	55
Moyen	22	28	60	65
Gros.	24	32	70	75

N. 60. *Encensoirs riches.*

Gros.	50	65	120	130

N. 61. *Encensoirs très riches.*

Gros.	90	120	160	175

N. 62. Vierge immaculée, sur socle en acajou ou en ébène.

HAUTEUR		PRIX.			
Métrique.	Ancien SYSTÈME.	BRONZÉE.	VERNIE.	DORURE du commerce	DORURE 1re qualité.
Centimètres.	Pouces.	Fr.	Fr.	Fr.	Fr.
22	8	40	42	60	70
27	10	50	52	90	100
43	15	90	100	250	280
70	25	320	350	600	650
97	35	475	500	850	900
190	70	1900	2000	4500	4700

VIERGES portant l'Enfant Jésus, de 20 à 65 centimètres (8 à 24 pouces), aux mêmes prix que ci-dessus. Les prix des autres statues de saints, de 20 à 55 centimètres (15 pouces), tels que S. Pierre, S. Paul, S. Joseph, S. Charles Borromée, S. Louis, Sainte Geneviève, etc., varient suivant les dimensions.

N. 63. Anges adorateurs.

(Les deux.)

50	18	700	800	1500	1600
76	28	1300	1400	3000	3200

BRAS DE TABERNACLE.

NUMÉROS	NOMBRE de LUMIÈRES.	PRIX DE LA PAIRE.			
		VERNIS.	ARGENTÉS.	DORURE du commerce	DORURE 1re qualité.
		Fr.	Fr.	Fr.	Fr.
64	1	10	16	30	33
	2	18	30	45	50
	3	25	45	65	70
65	1	15	25	35	40
	2	30	40	55	60
	3	45	55	80	90
66	1	22	35	50	55
	2	40	55	80	90
	3	60	75	110	120
67	1	25	40	60	65
	2	50	70	95	105
	3	70	100	120	130
68	1	100	140	180	200
	2	175	225	275	300
	3	225	275	350	375

Frise estampée à blé et raisins pour gradins.

LARGEUR		PRIX DU MÈTRE COURANT.			
Métrique.	Ancien SYSTÈME.	VERNIE.	ARGENTÉE.	DORURE du commerce	DORURE 1re qualité.
Centimètres	Pouces.	Fr.	Fr.	Fr.	Fr.
20	7	40	»	100	120

BATONS DE CHANTRE.

NUMÉROS.	PRIX.			
	VERNIS.	ARGENTÉS.	DORURE du commerce	DORURE 1re qualité.
	Fr.	Fr.	Fr.	Fr.
69 Riche. . . .	150	180	220	240
70 Simple.. . .	60	80	160	180

COEURS EX VOTO,

AVEC GLAIVE ET FLAMME.

DIMENSION.	PRIX.			
	VERNIS.	ARGENTÉS.	DORURE du commerce	DORURE 1re qualité.
	Fr.	Fr.	Fr.	Fr.
Petits.	6	8	14	15
Moyens.	10	14	22	24
Grands.	14	20	26	30

GROSSES D'ÉVÊQUE.

(Avec bâton.)

	VERNIS	ARGENTÉS	DORURE du commerce	DORURE 1re qualité
N° 71	100	150	200	225

BOUGEOIRS D'ÉVÊQUE.

	VERNIS	ARGENTÉS	DORURE du commerce	DORURE 1re qualité
N° 72	25	35	50	55

AIGUIÈRES

AVEC LEURS JATTES EN BRONZE DORÉ COMME LE VERMEIL.

UNIES, de 160 à 190.
CISELÉES, de 200 à 250.

MODÈLES DIVERS.

On trouve encore dans nos magasins une grande variété d'ornements pouvant servir à la décoration des autels et des tabernacles, comme moulures, chapiteaux, têtes d'ange, palmes d'encoignures, frises, palmettes, patères, chutes, etc., de toutes les dimensions et à des prix très modérés.

Nous avons aussi quelques modèles de pendules à sujets religieux, tels que la Religion, la Sainte famille, S. Joseph et l'enfant Jésus, la sainte Vierge et l'enfant Jésus, la Nativité et S. Vincent de Paul (de 160 à 400 fr.)

ORFÉVRERIE.

Le prix des objets qui suivent varie selon le poids, la grandeur et la dimension. Dans ces prix sont compris les étuis pour les objets en argent et en vermeil, et non pour ceux en bronze doré et argenté.

CALICES DIVERS.

NUMÉROS.	POIDS. (Environ.)	EN ARGENT. (Coupe et patène dorées.)	EN VERMEIL.	DORURE 1re qualité.
	Grammes.	Fr.	Fr.	Fr.
74	1500	1000	1100	»
79	1200	570	650	»
80	1100	490	575	»
	680	260	340	»
81	500	185	260	»

Les calices, ciboires et burettes peuvent être plus ou moins riches que les dessins; dans ce cas les prix seraient plus ou moins élevés. Ceux dont les pieds sont en bronze argenté coûtent de 60 à 155 fr., et ceux avec pied en bronze doré de 150 à 180 fr. et plus.

BURETTES.

77	650	260	340	»
	850	320	430	»
78	1100	480	600	»
	1400	550	700	»

CIBOIRES.

NUMÉROS.	DIAMÈTRE		PRIX.	
	Métrique.	Anc.Syst.	EN ARGENT.	EN VERMEIL.
	Centimèt.	Pouces.	Fr.	Fr.
75	8	3	120	200
	9	3 1/4	150	240
	10	3 1/2	185	280
	11	4	225	320
	12	4 1/2	280	390
76	11	4	360	340
	12	4 1/2	320	420
	13	4 3/4	400	520
	14	5	480	580

OSTENSOIRS DIVERS.

NUMÉROS.	HAUTEUR		PRIX.		Cuivre argenté.	Bronze doré.	DORURE 1re qualité
	Métr.	Anc.	en Argent	en Vermeil			
	Cent.	Pouces	Fr.	Fr.	Fr.	Fr.	Fr.
73	75	28	1700	2000	»	»	»
82	75	28	800	1050	»	»	»
	82	30	950	1250	»	»	»
	100	37	1400	1800	»	»	»
	105	39	1600	2100	»	»	»
82	115	43	2400	3000	»	»	»
	115	43	3800	5000	»	»	»
83	52	19	»	»	110	190	»
	50	19	260	380	140	220	»
	55	21	340	480	180	250	»
	60	22	385	550	220	280	»
	65	24	440	625	250	320	»
84	70	26	520	800	»	»	»
	75	28	650	950	»	»	»
	82	30	850	1200	»	»	»
	95	35	1100	1500	»	»	»
	100	37	1300	1600	»	»	»

Les prix des ostensoirs peuvent varier suivant le poids de l'argent.

On peut ajouter aux N°s 83 et 84 des Gloires en argent ou en vermeil : les pieds seraient en bronze argenté ou doré comme le vermeil ; les prix dans ce cas varieraient : pour ceux argentés et en argent, de 180, 220, 250, 300 fr. etc., et pour le bronze doré de 250, 300, 350, 400 fr.

PARIS, IMPRIMERIE DE POUSSIELGUE, RUE DU CROISSANT, 12.

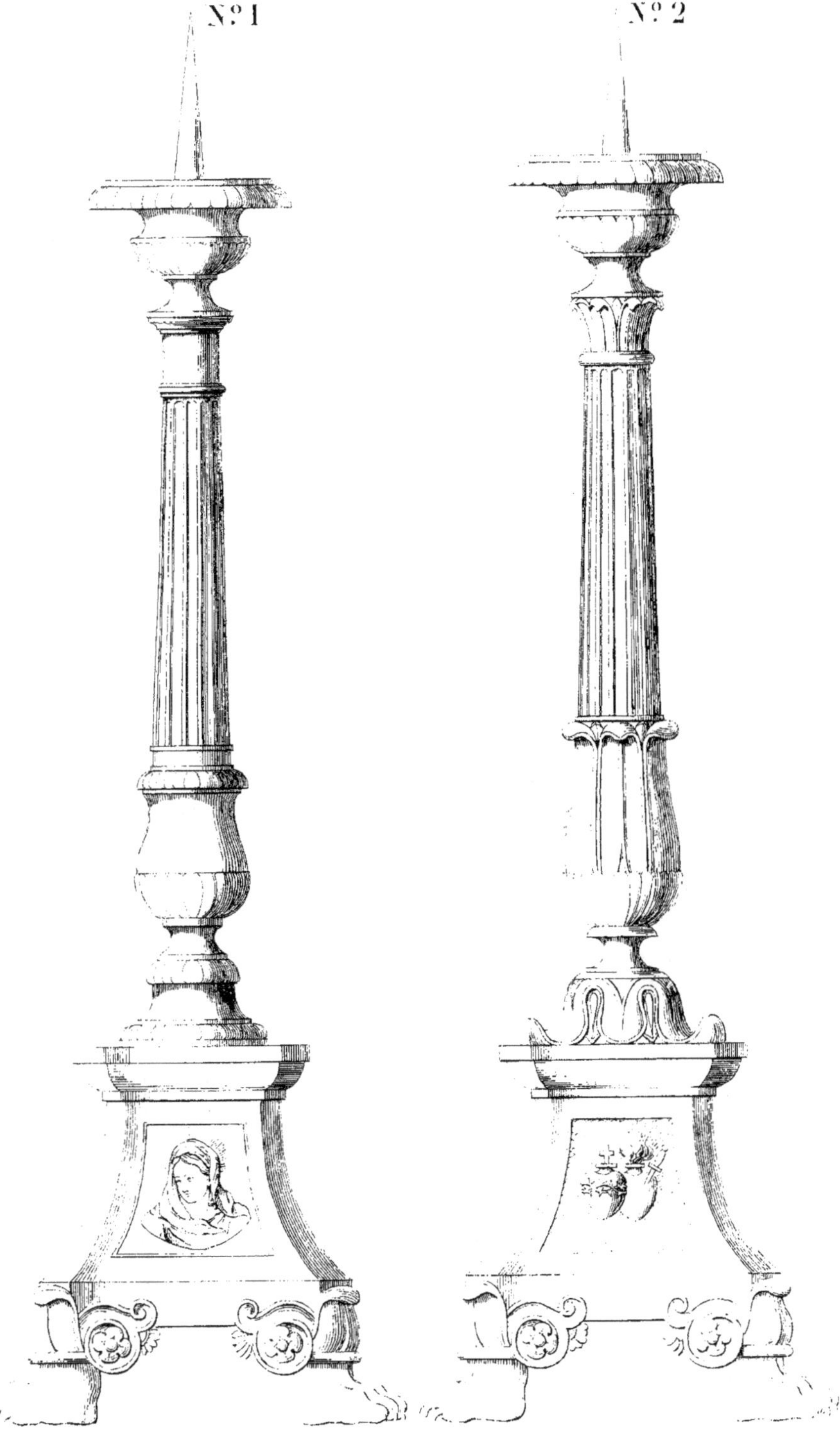

N.º 1
N.º 2

2
N.º 4
N.º 3
B

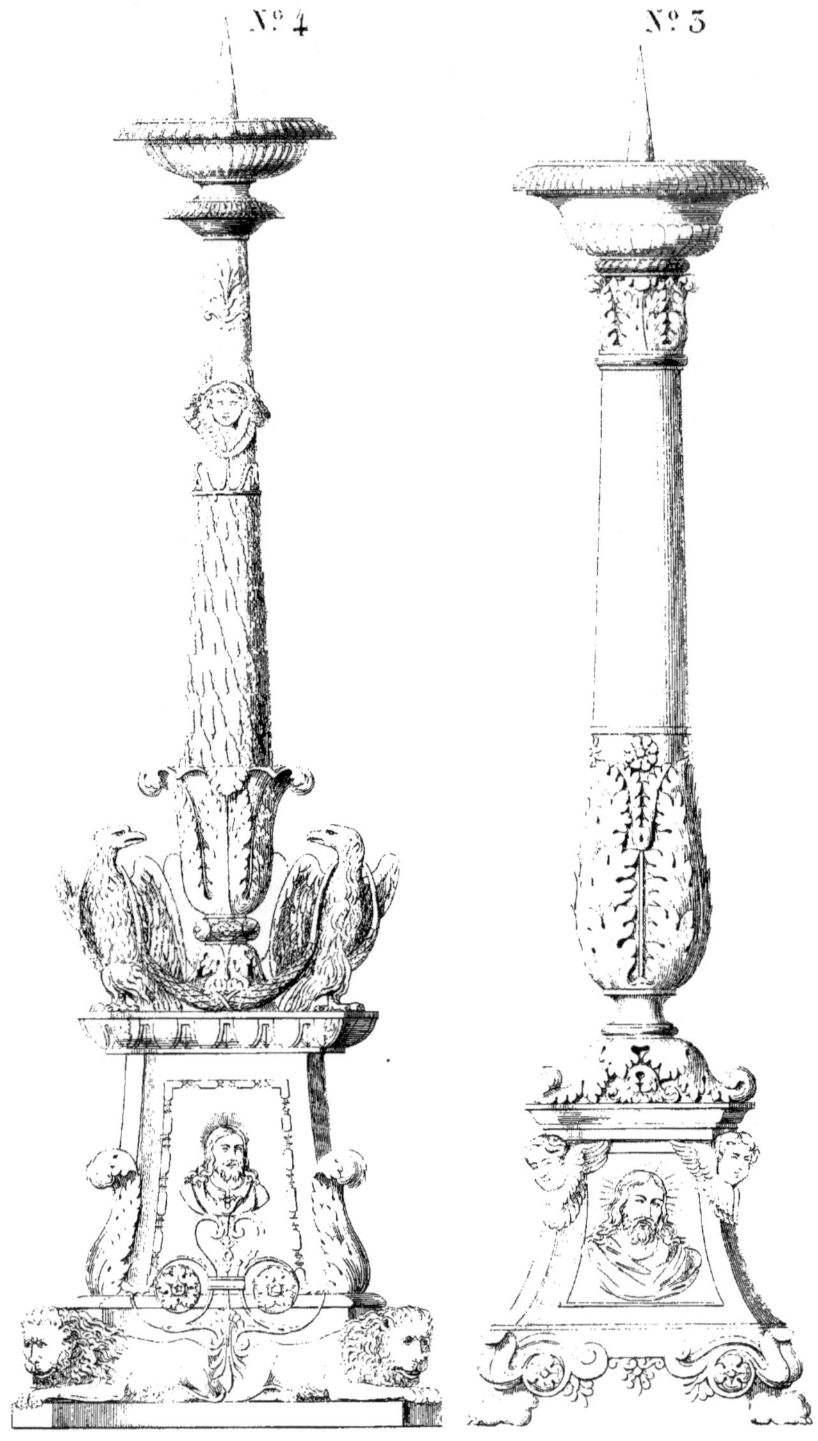

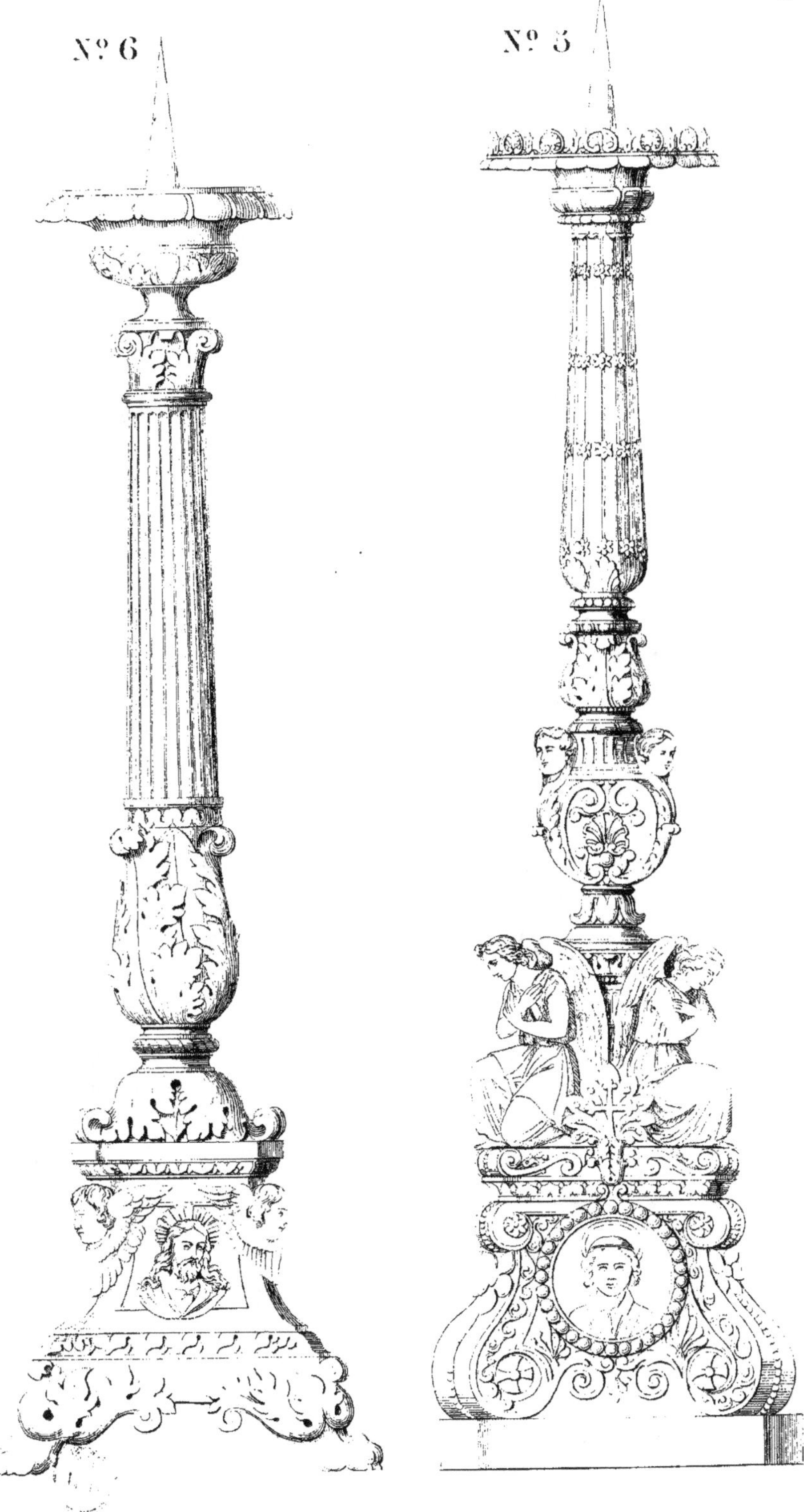

Nº 6
Nº 5

Nº 7
Nº 8

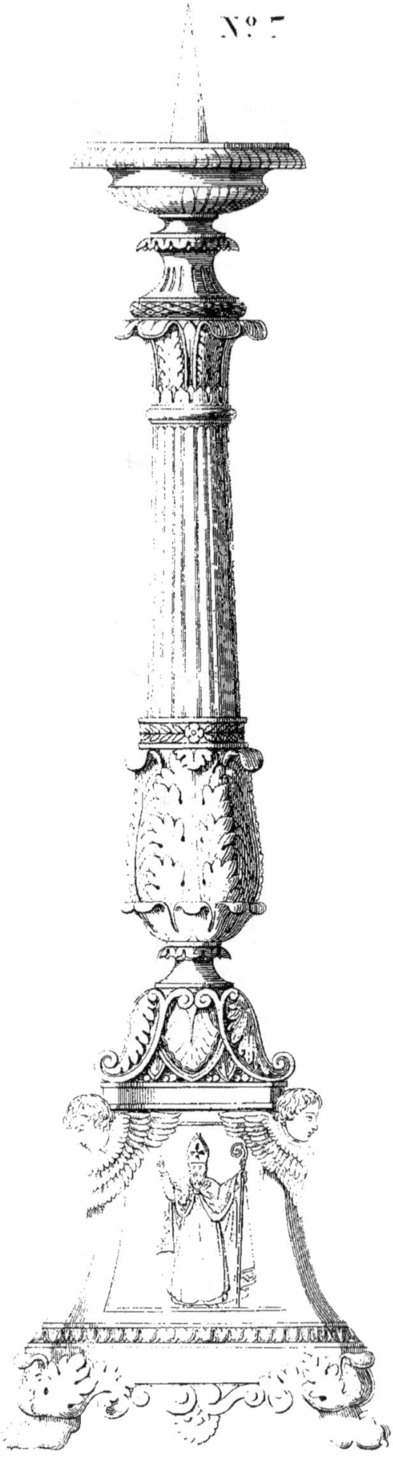

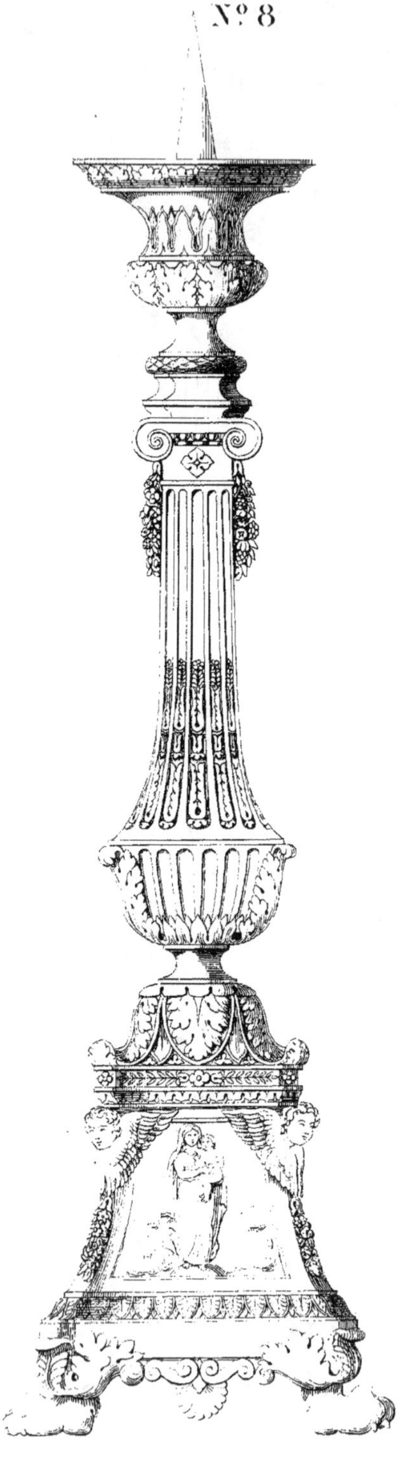

N° 9.

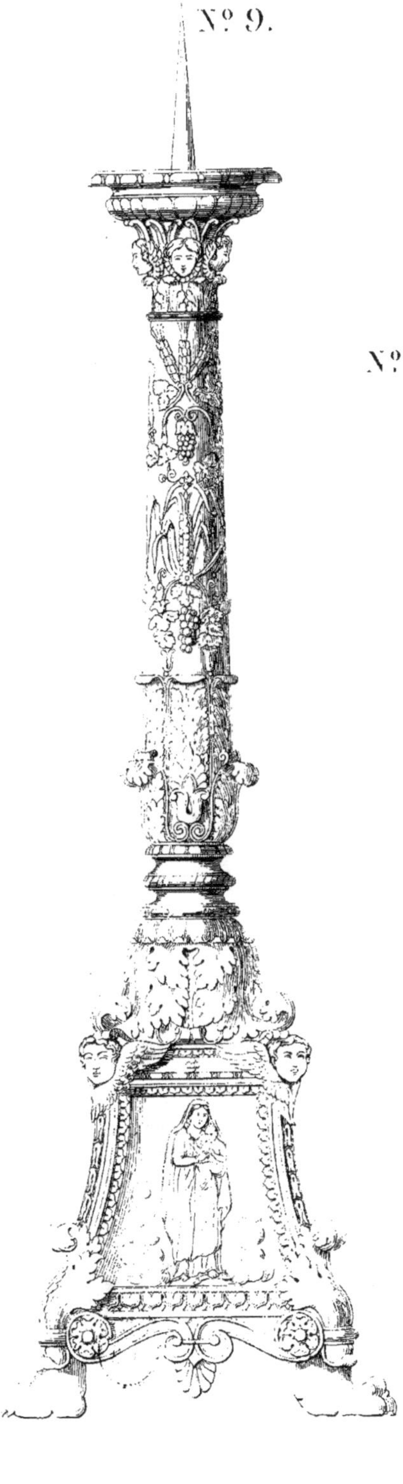

N° 10 bis

N° 10

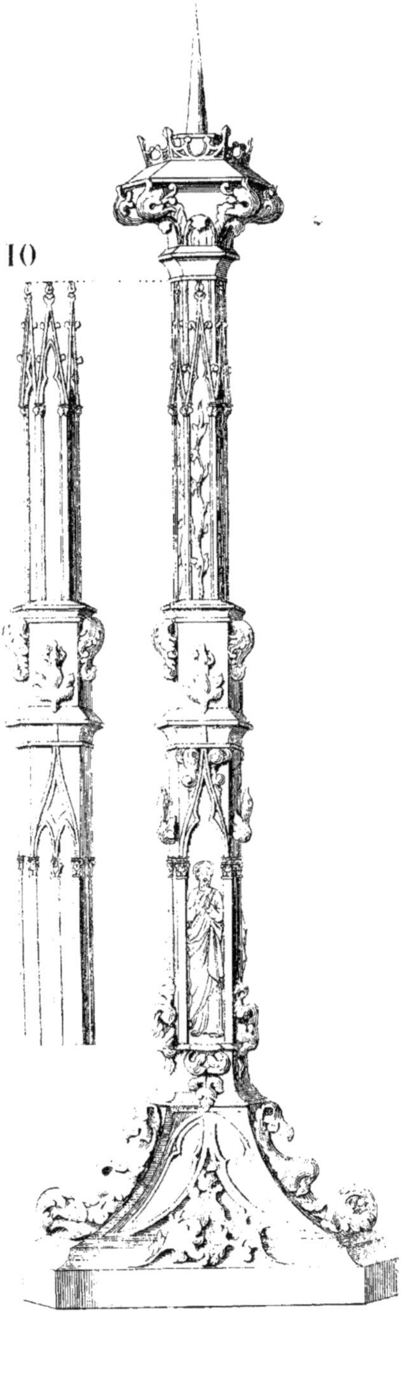

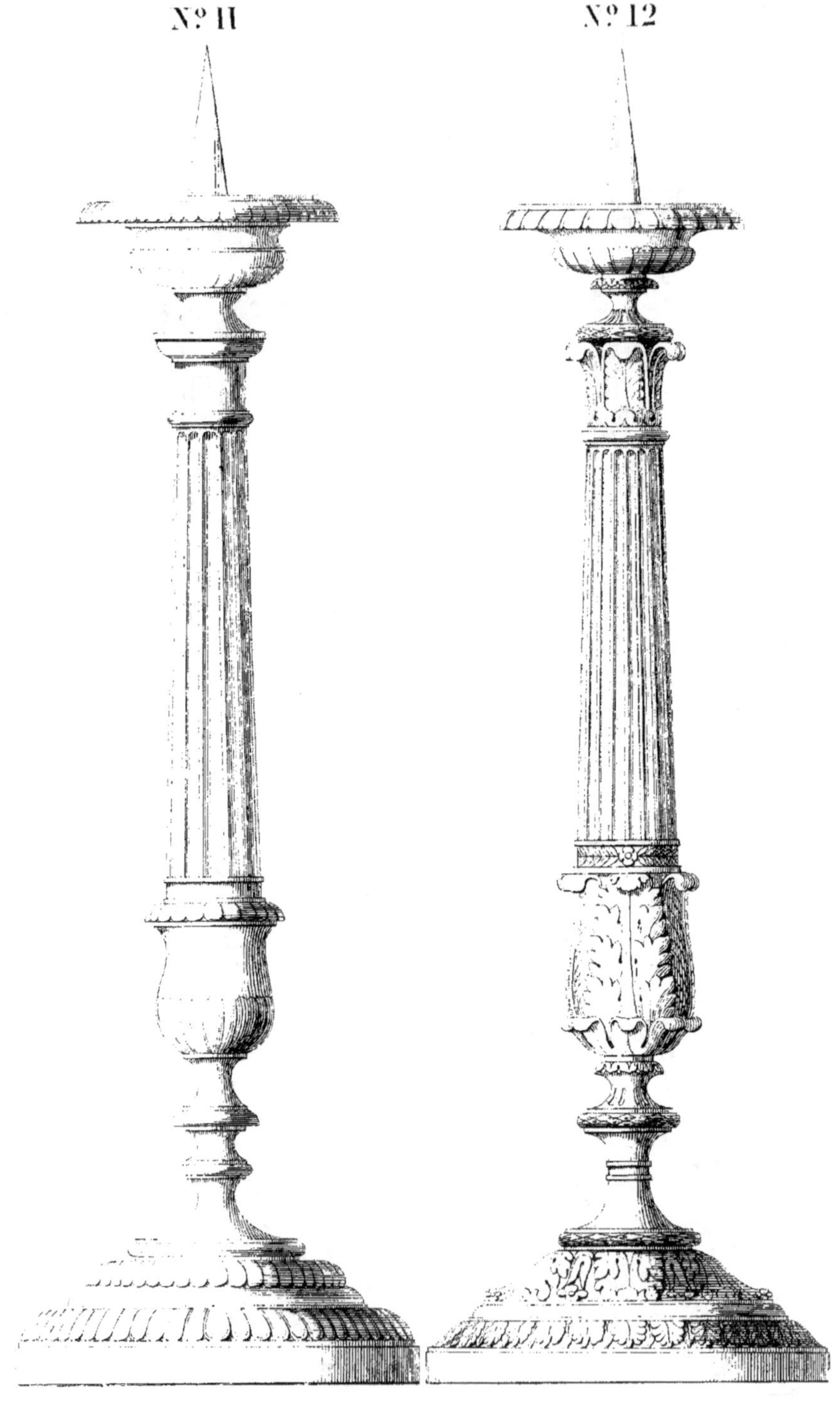

N° 11
N° 12

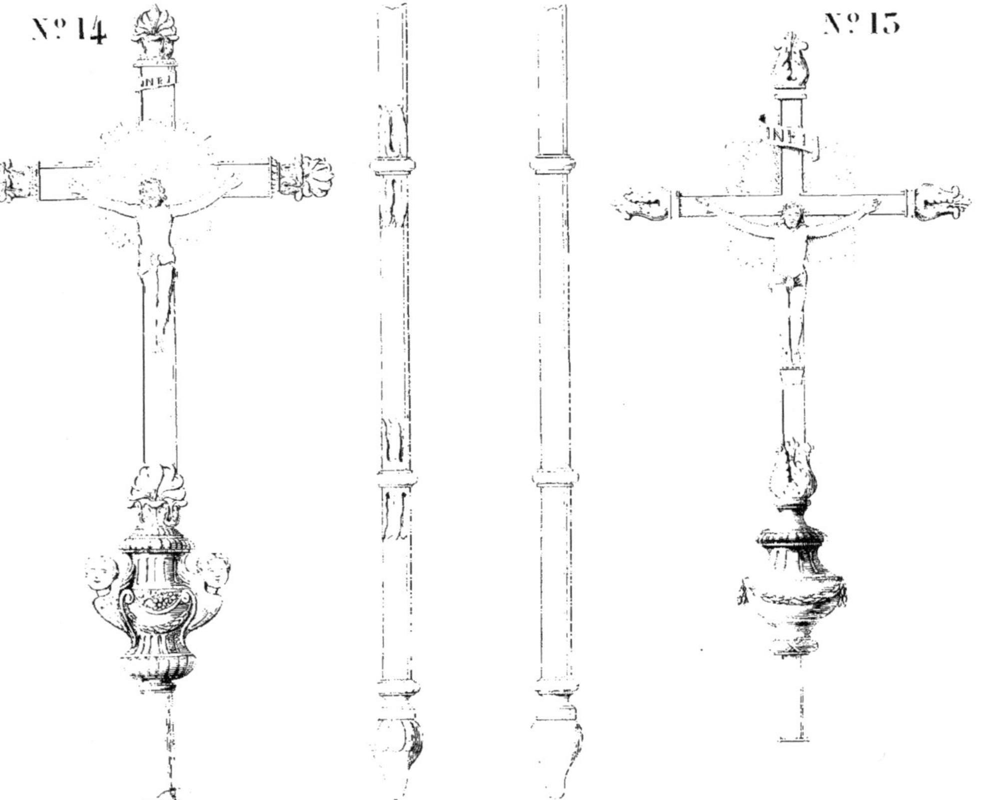

N° 14
N° 15

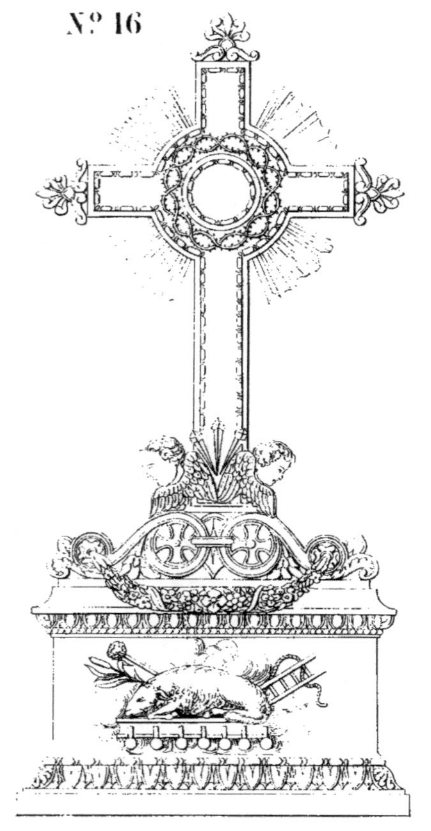

N° 16

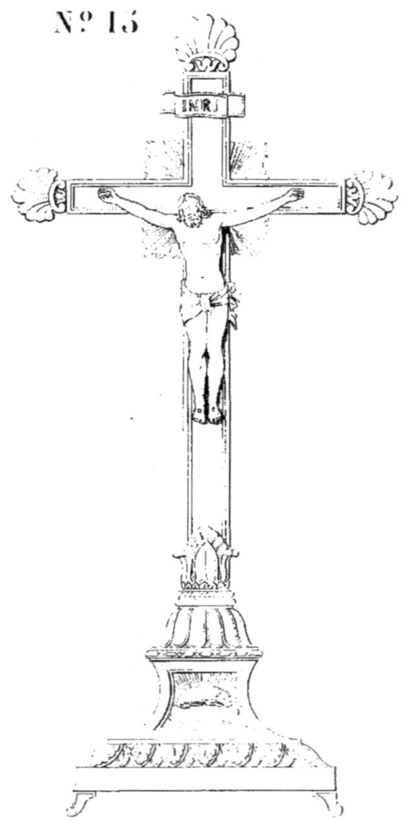

N° 15
INRI

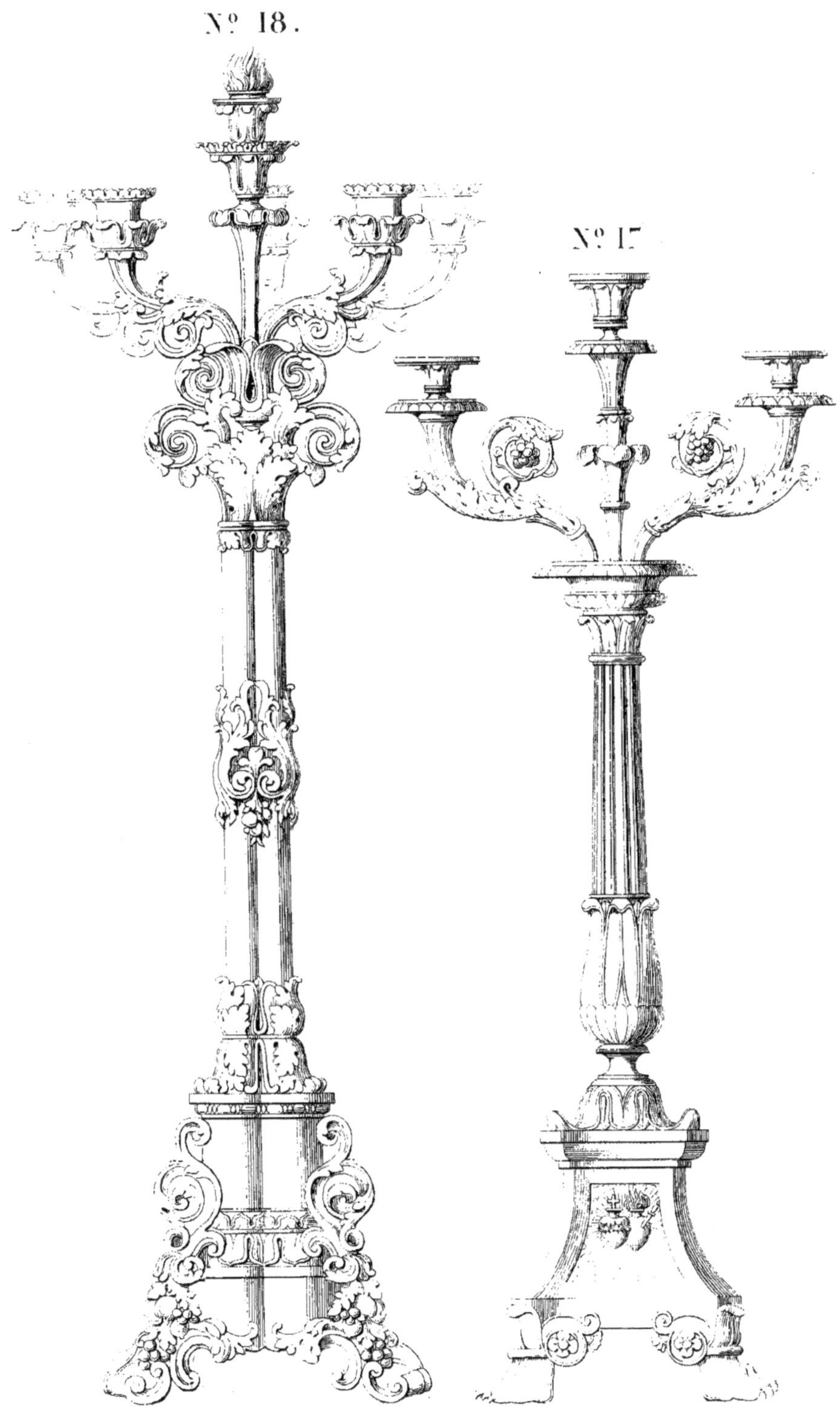

Nº 18.
Nº 17

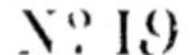

N.° 19

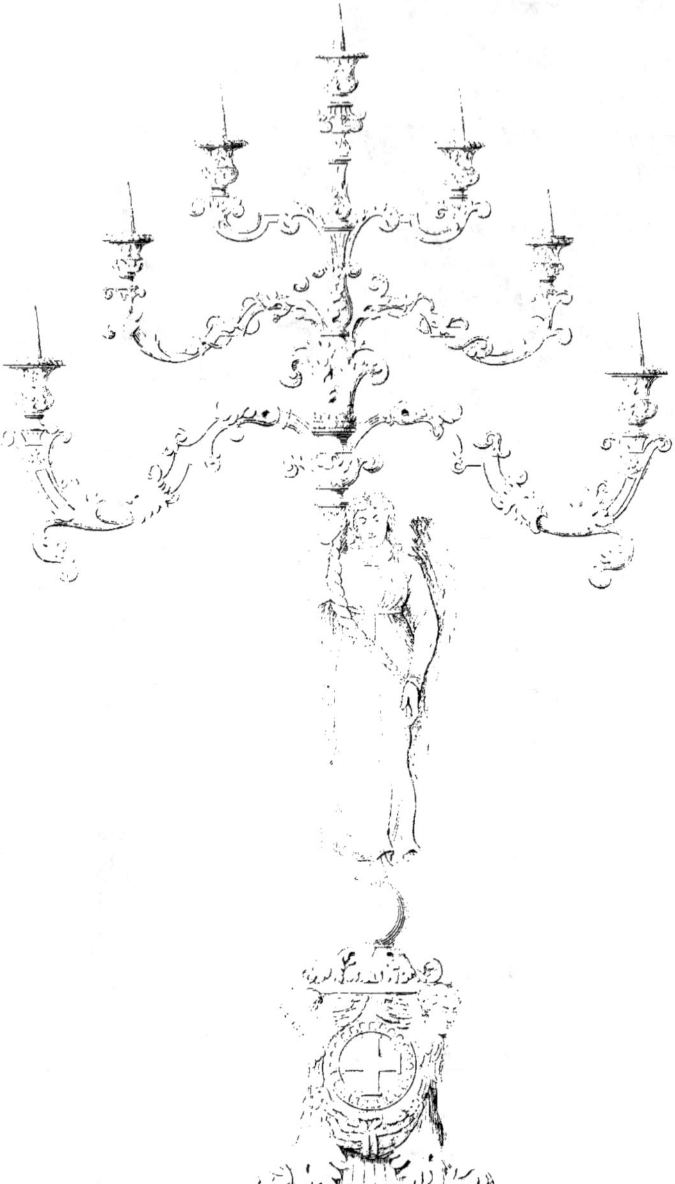

Nº 20

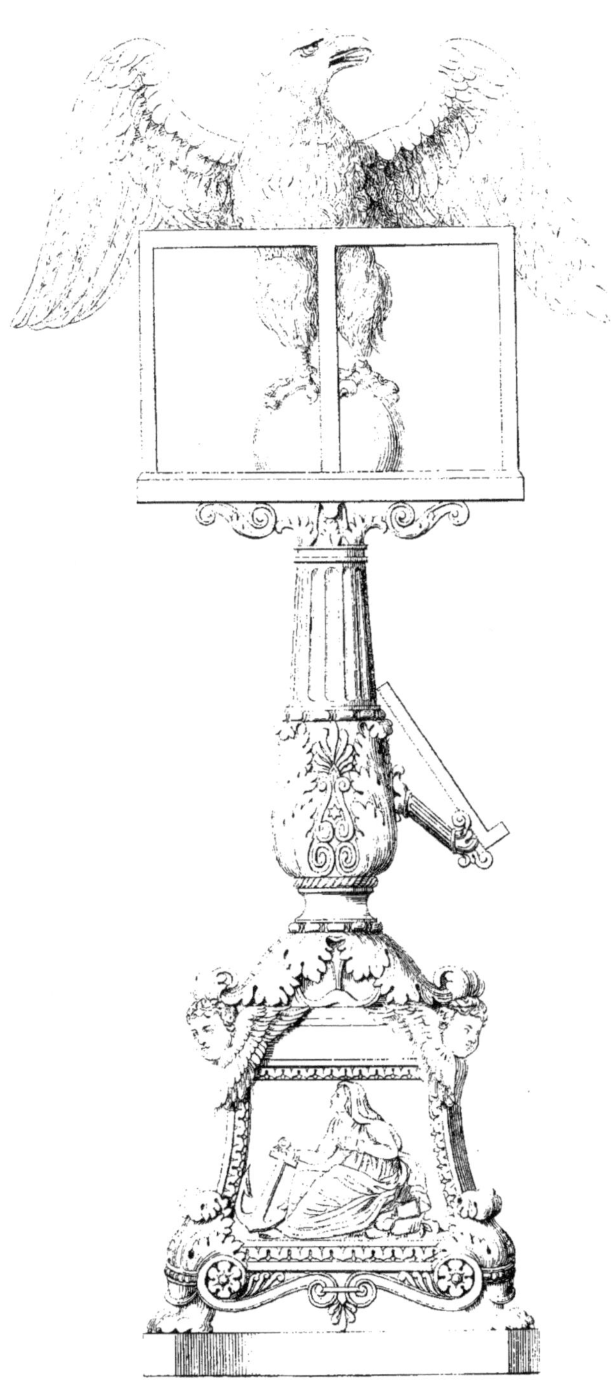

Nᵒ 21

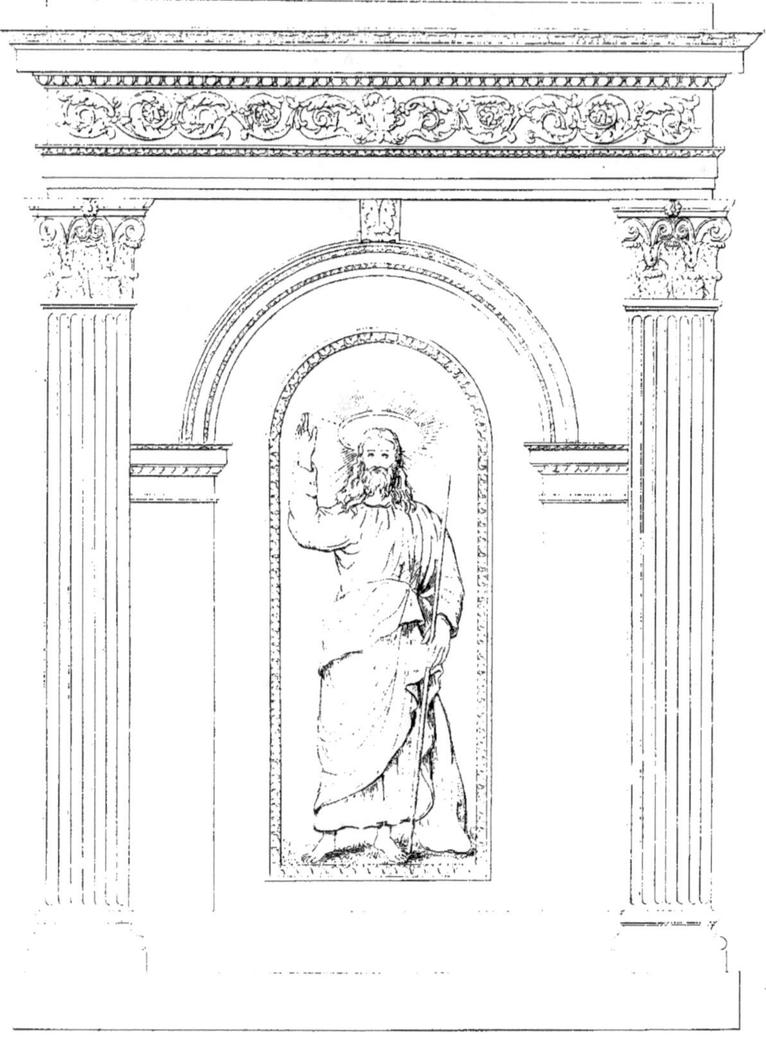

N.º 22

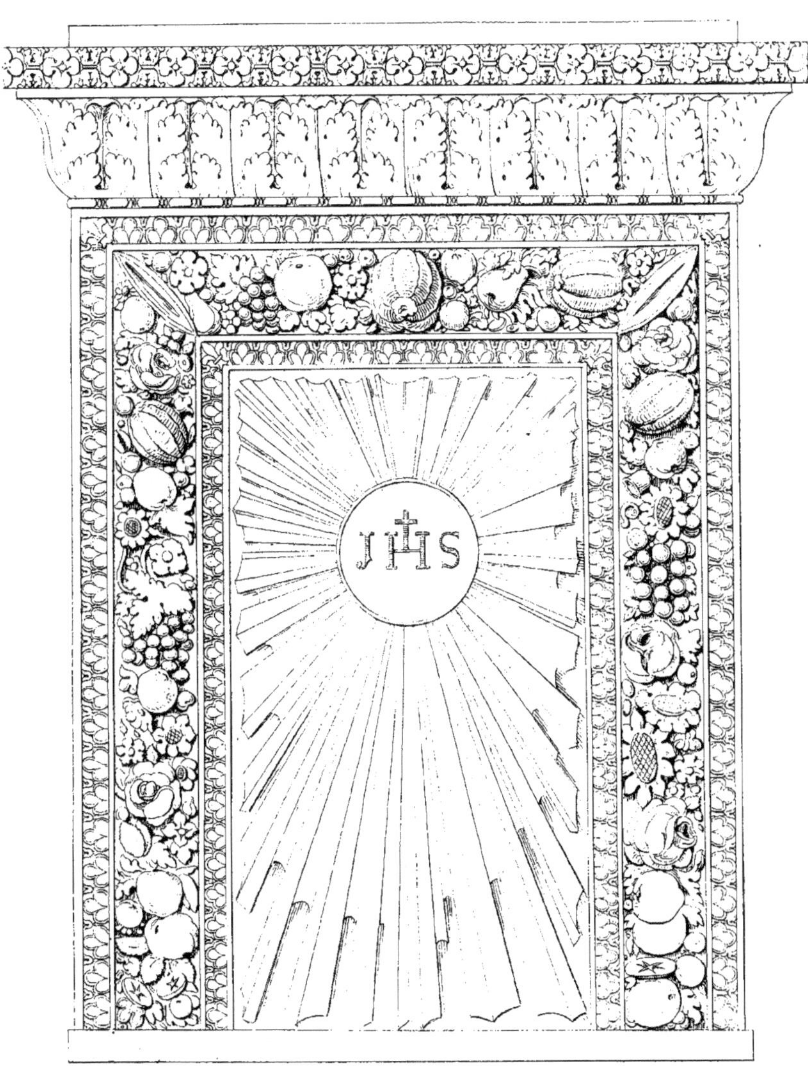

№ 23

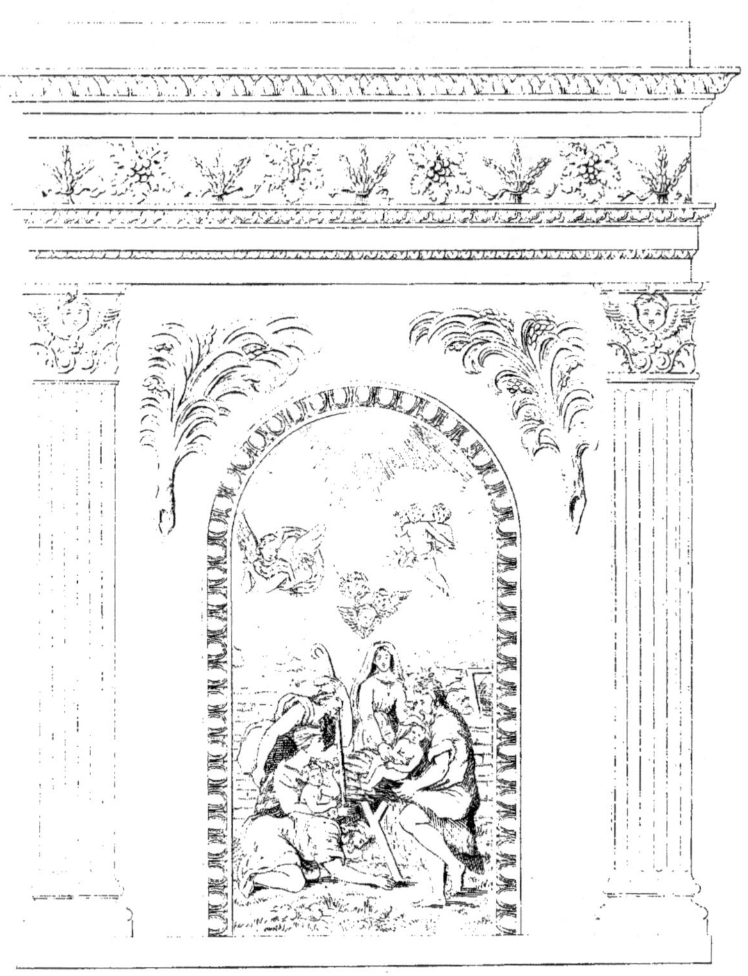

Nº 24

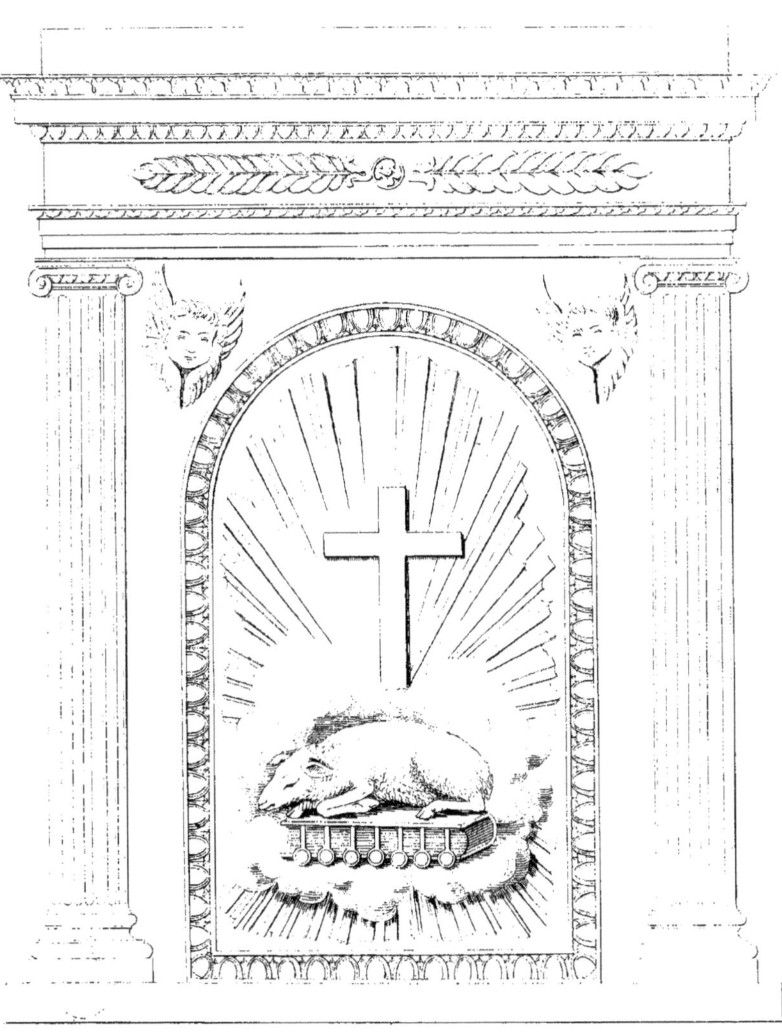

N.º 23

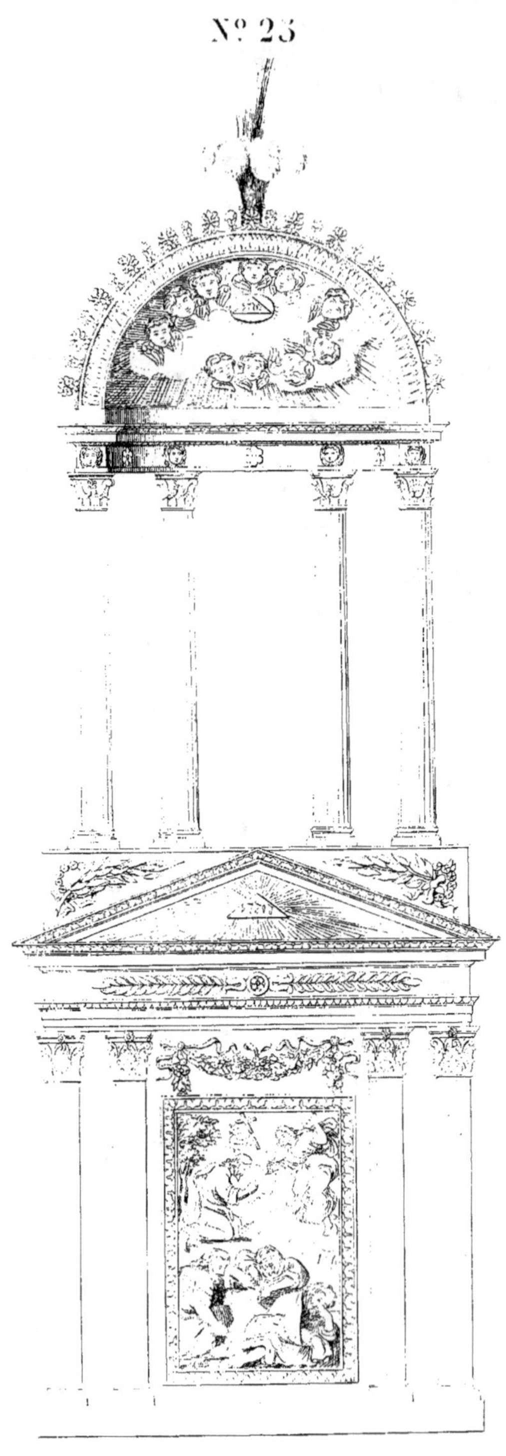

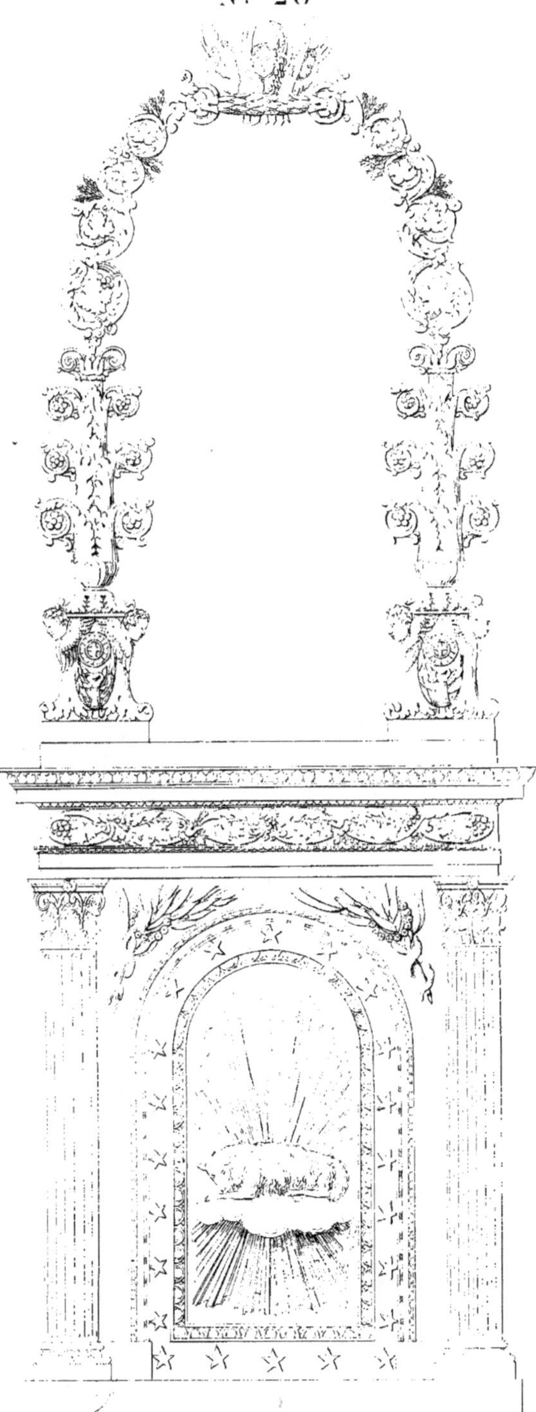

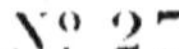

Nº 27

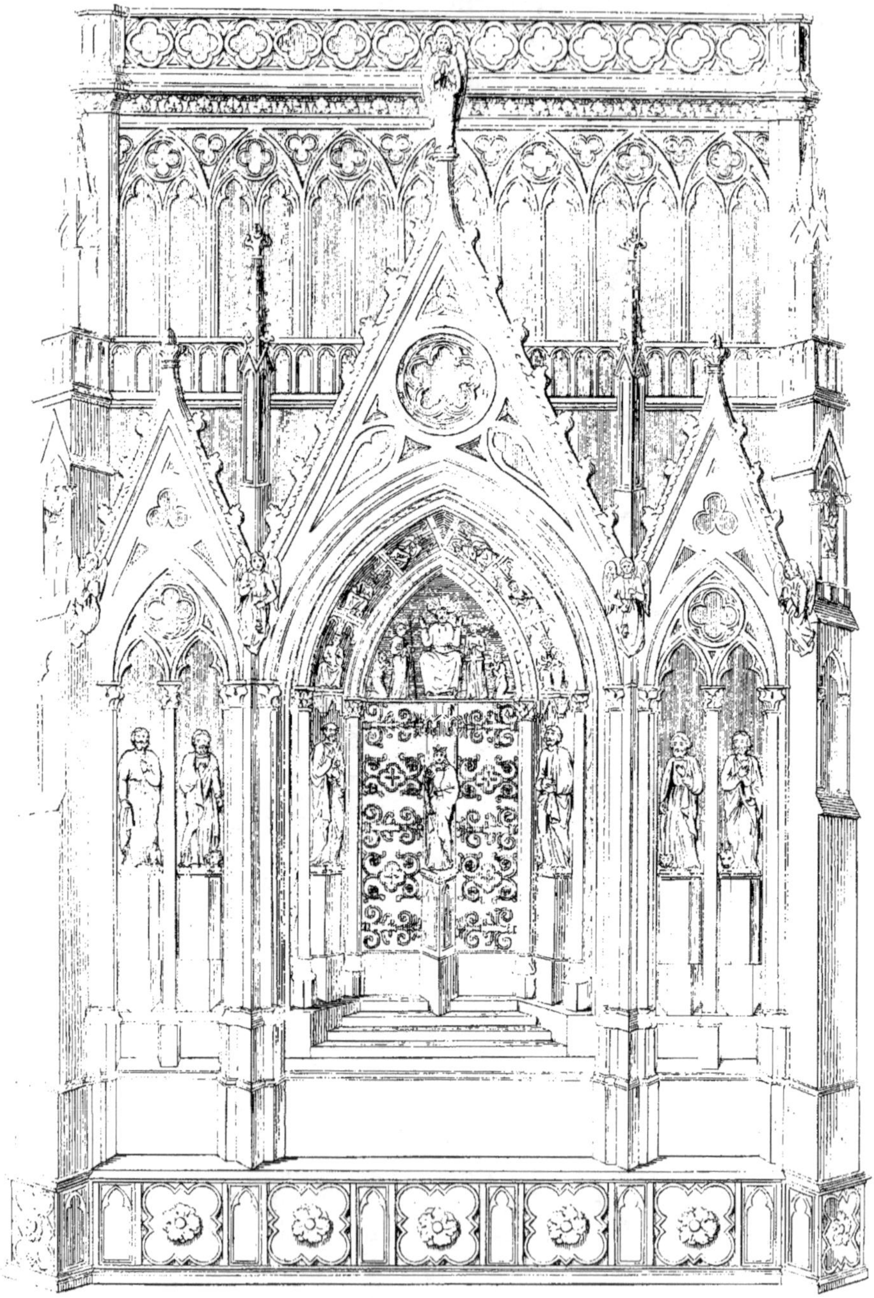

Nº 28

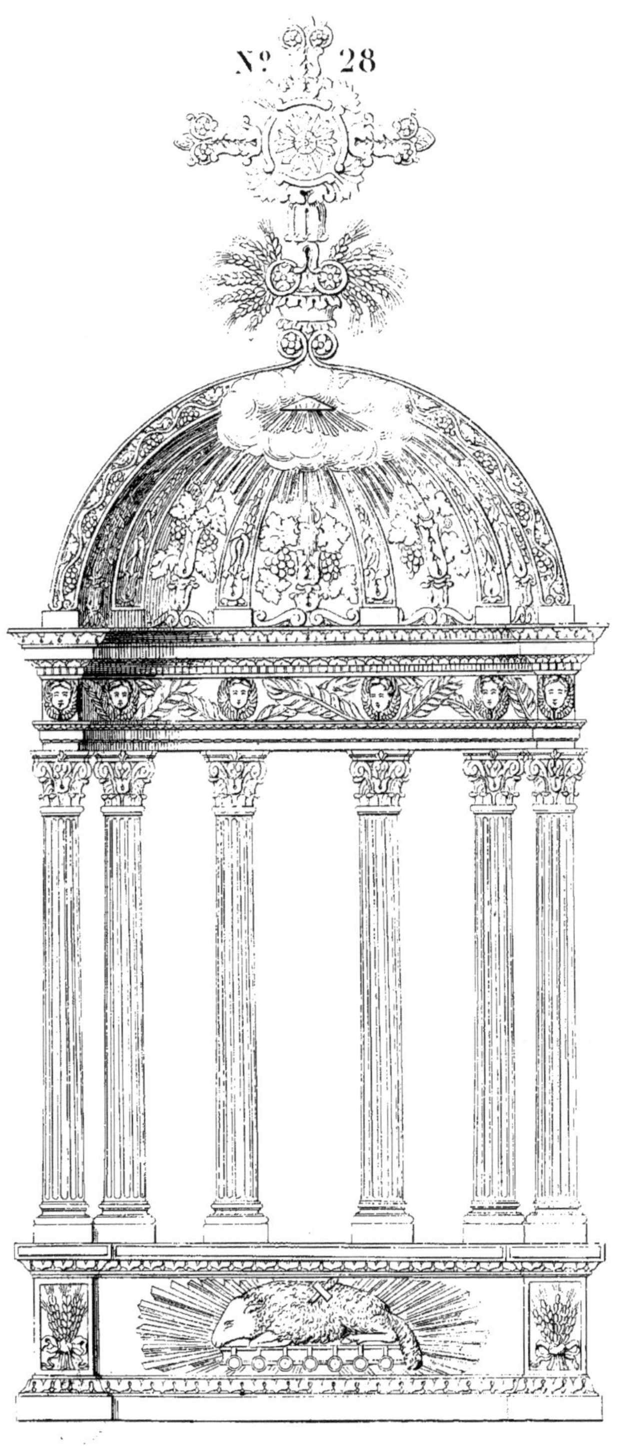

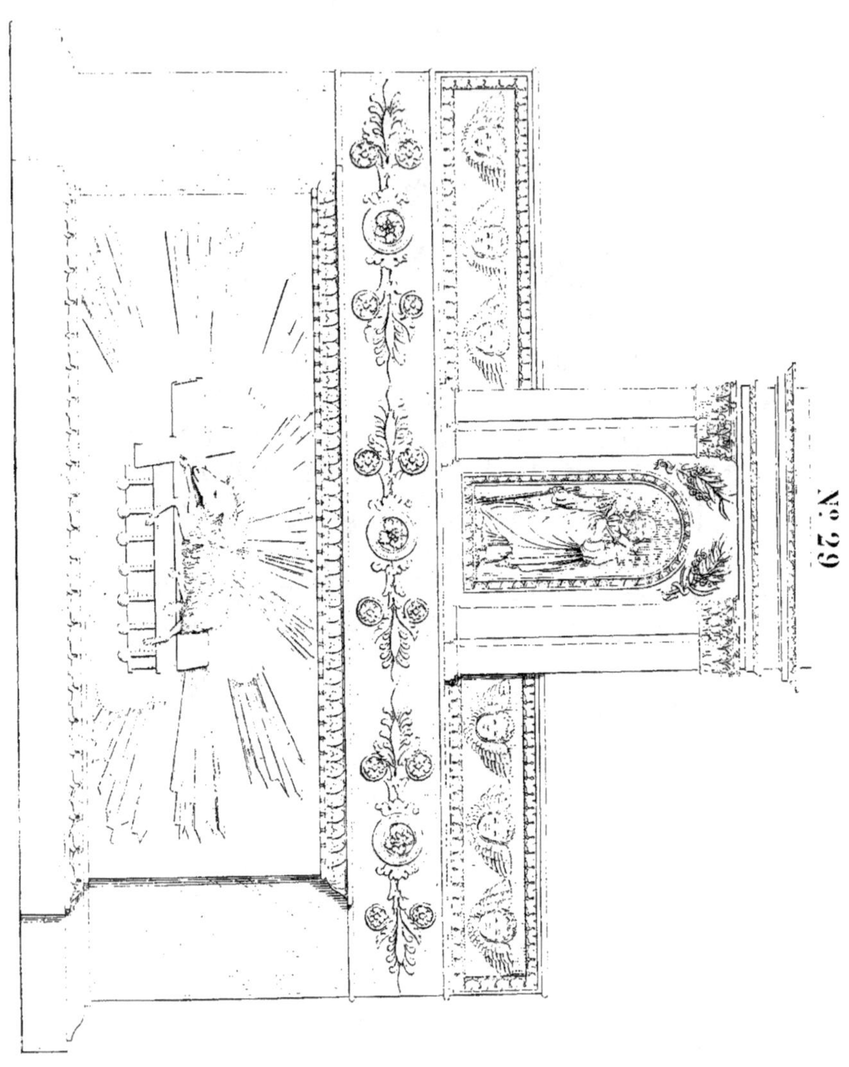
N° 29

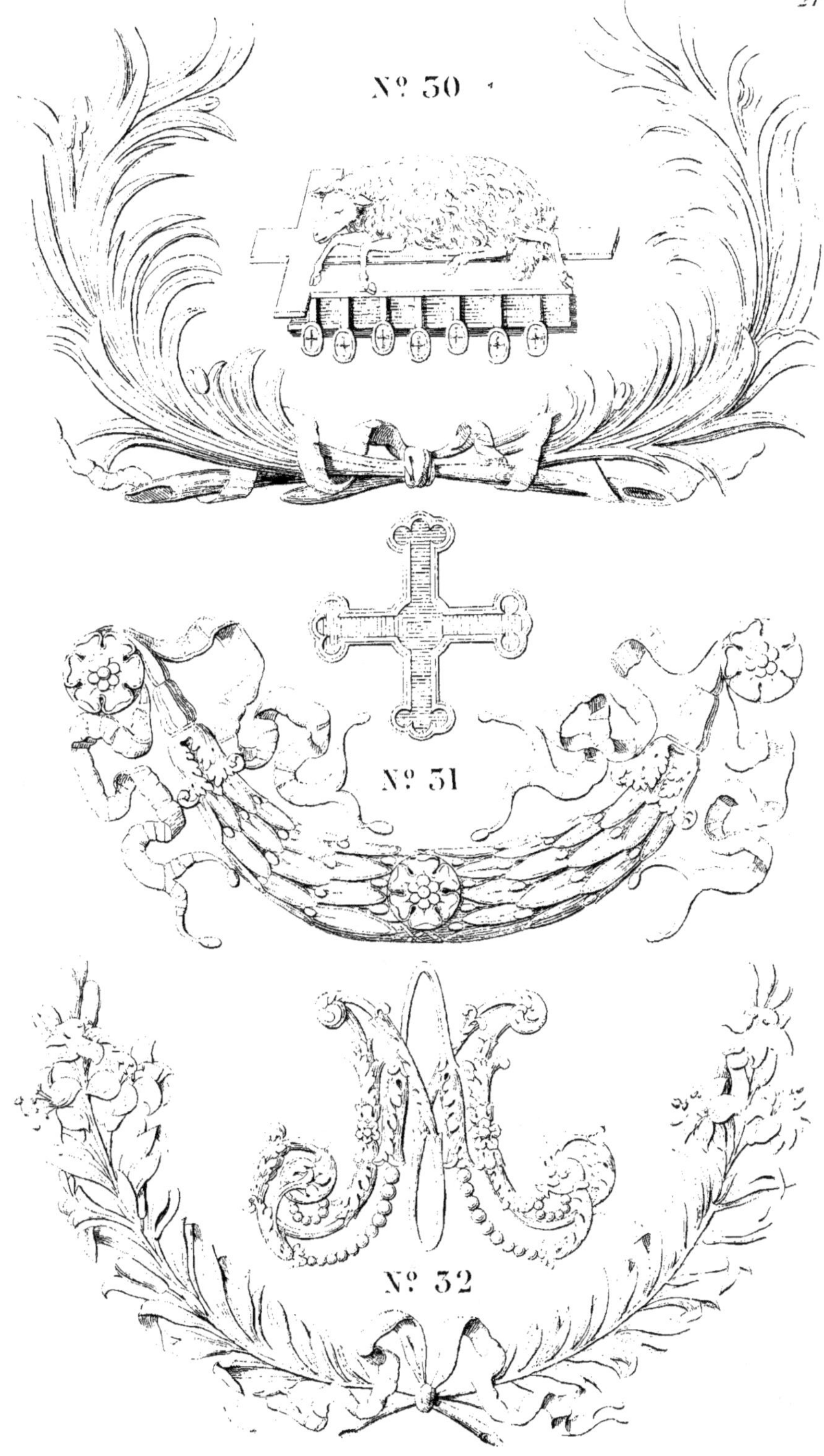

N° 30
N° 31
N° 32

Nº 55   Nº 55.   Nº 54

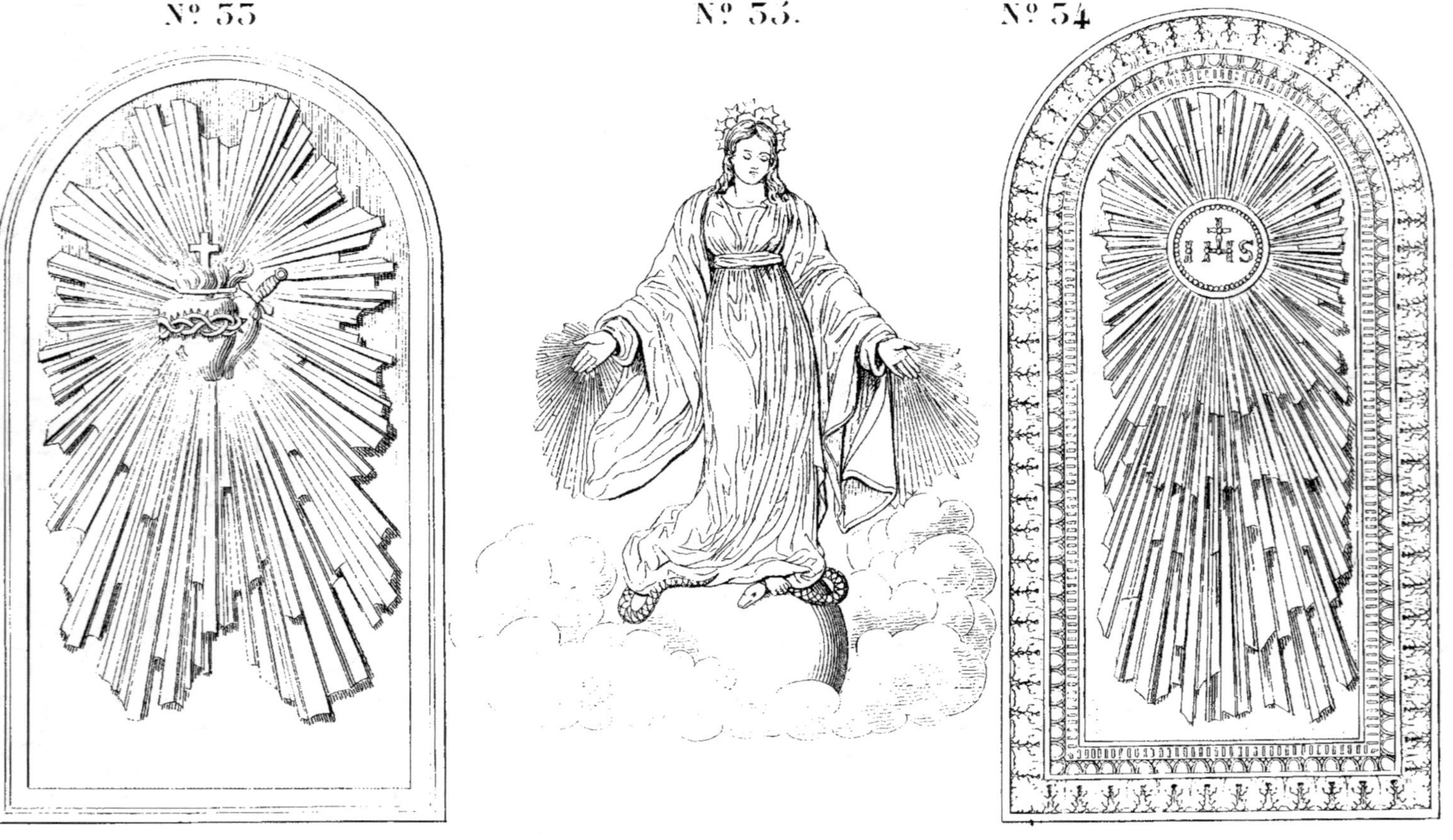

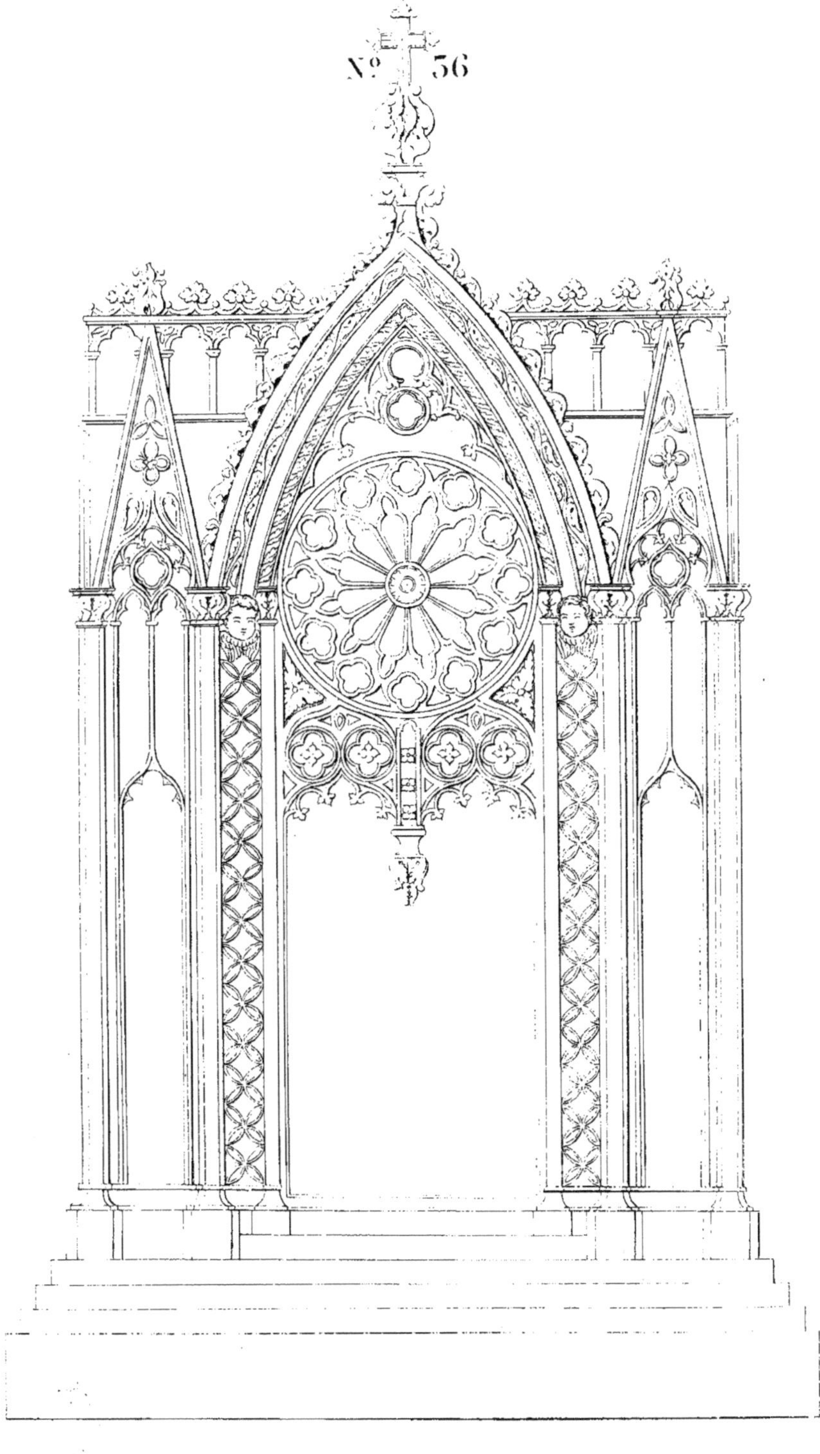

Nº 56

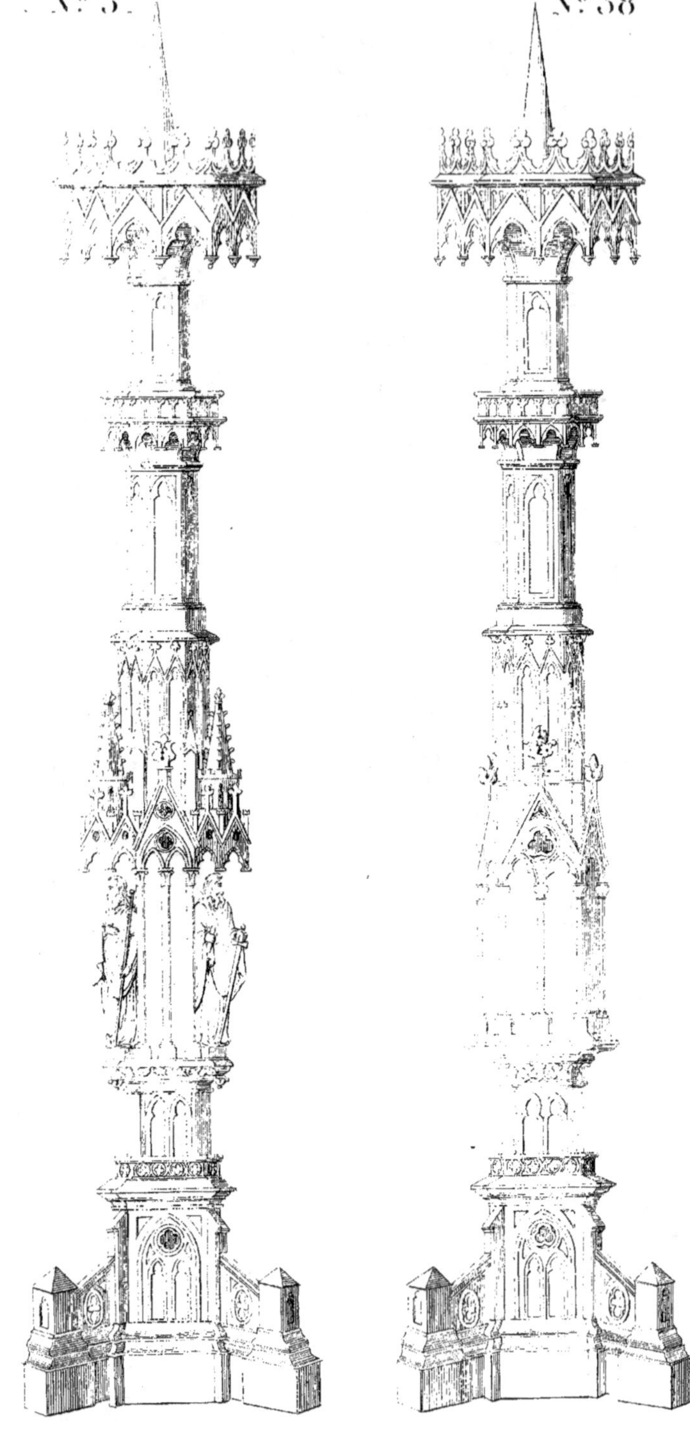
Nº 37
Nº 38

№ 59

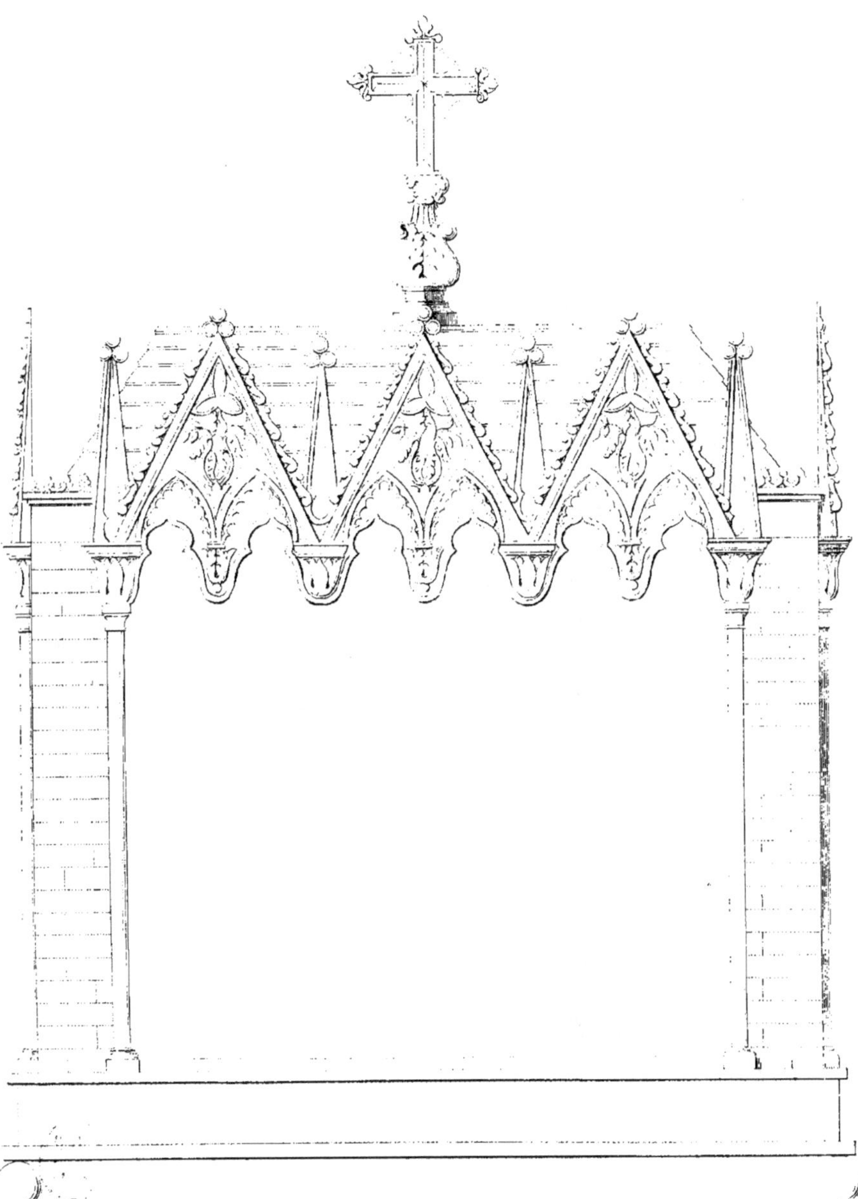

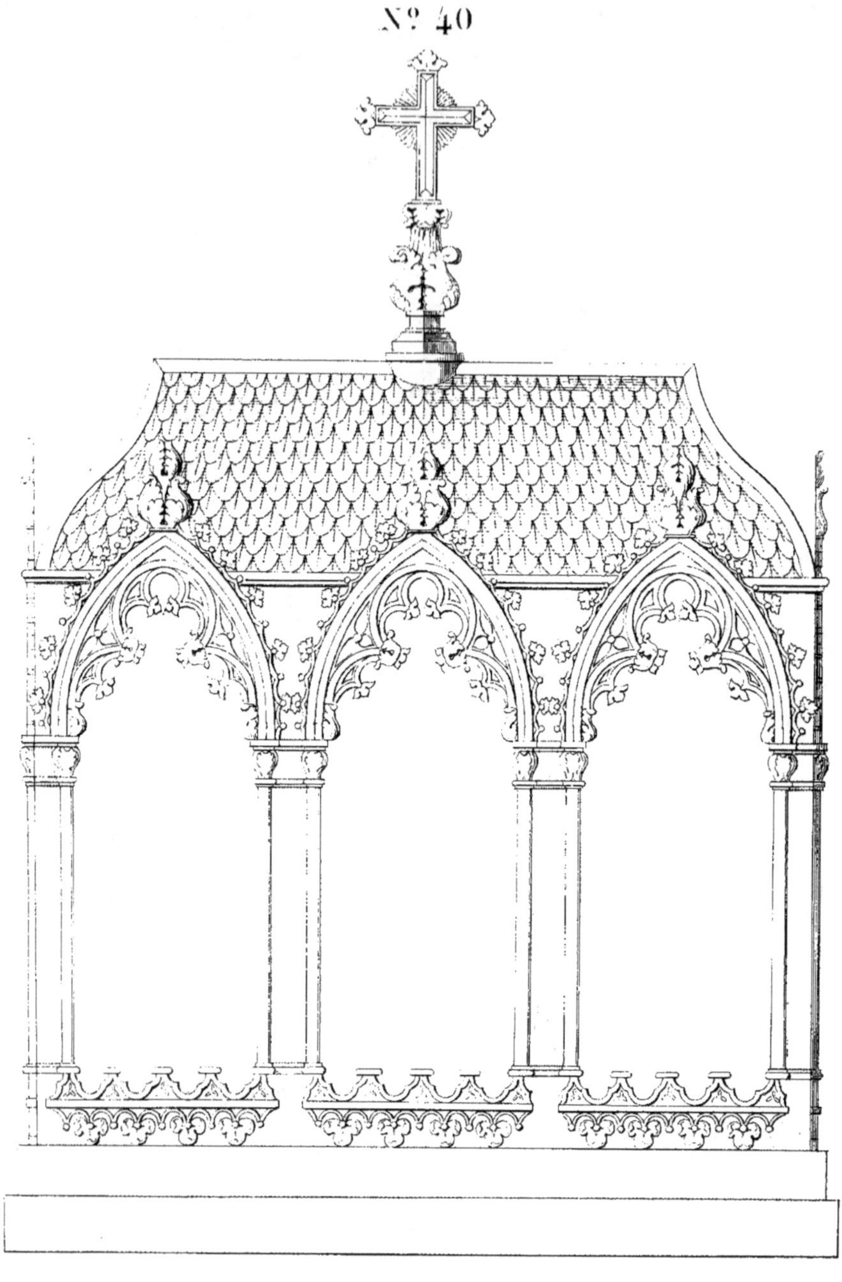

N.º 40

N.º 41

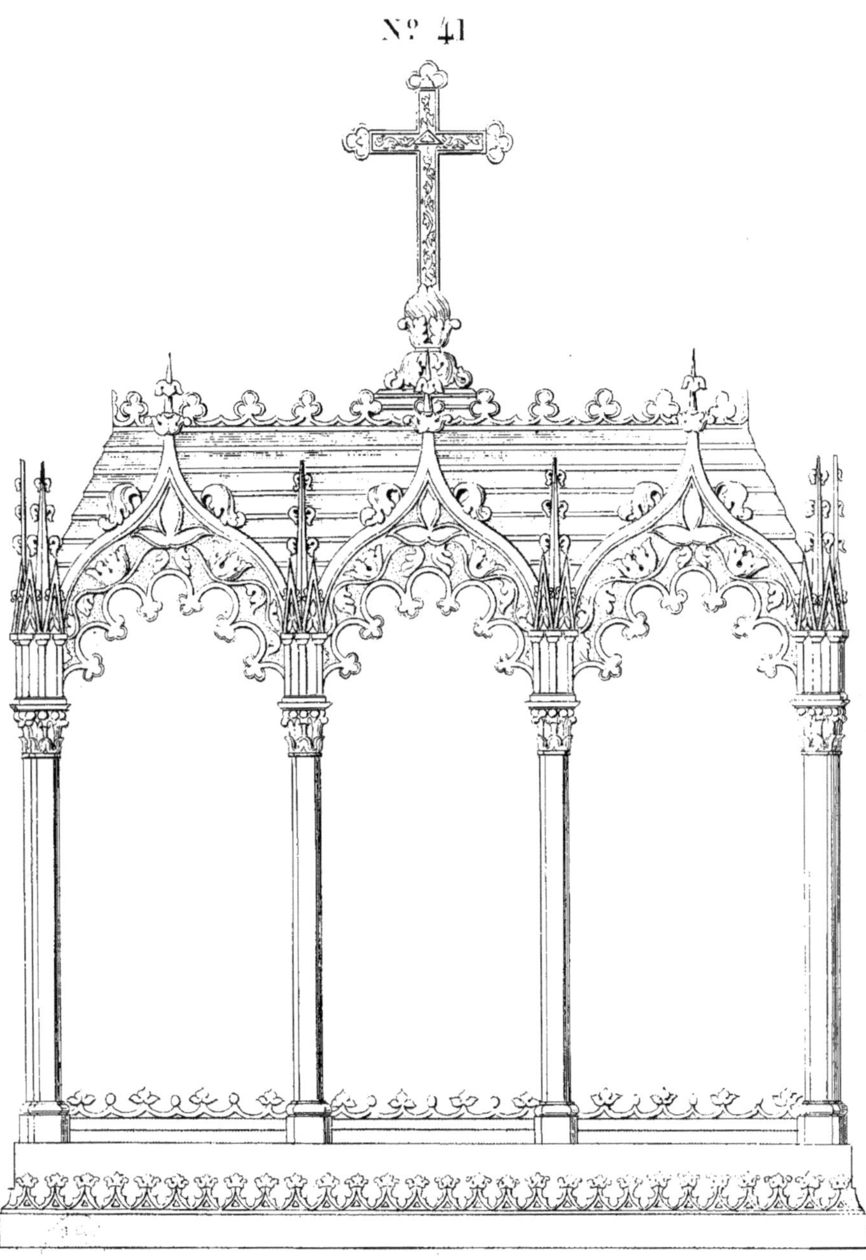

N.º 42

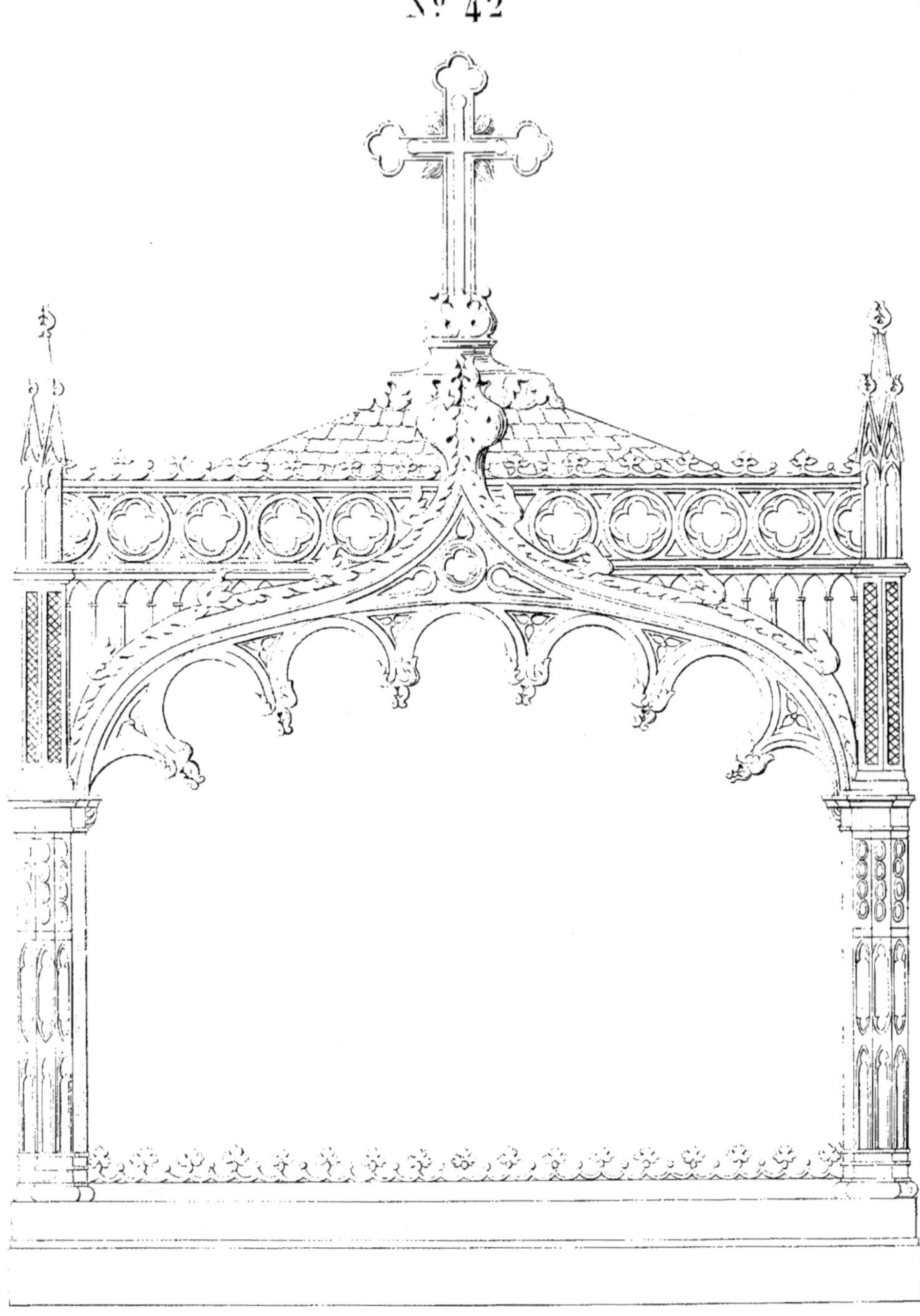

Nº 45

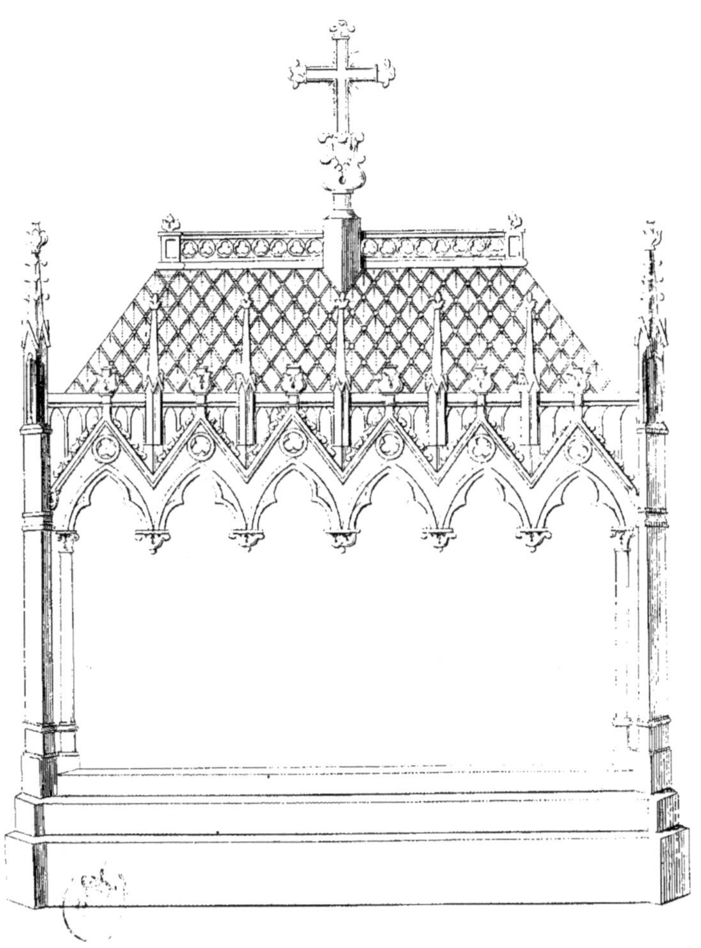

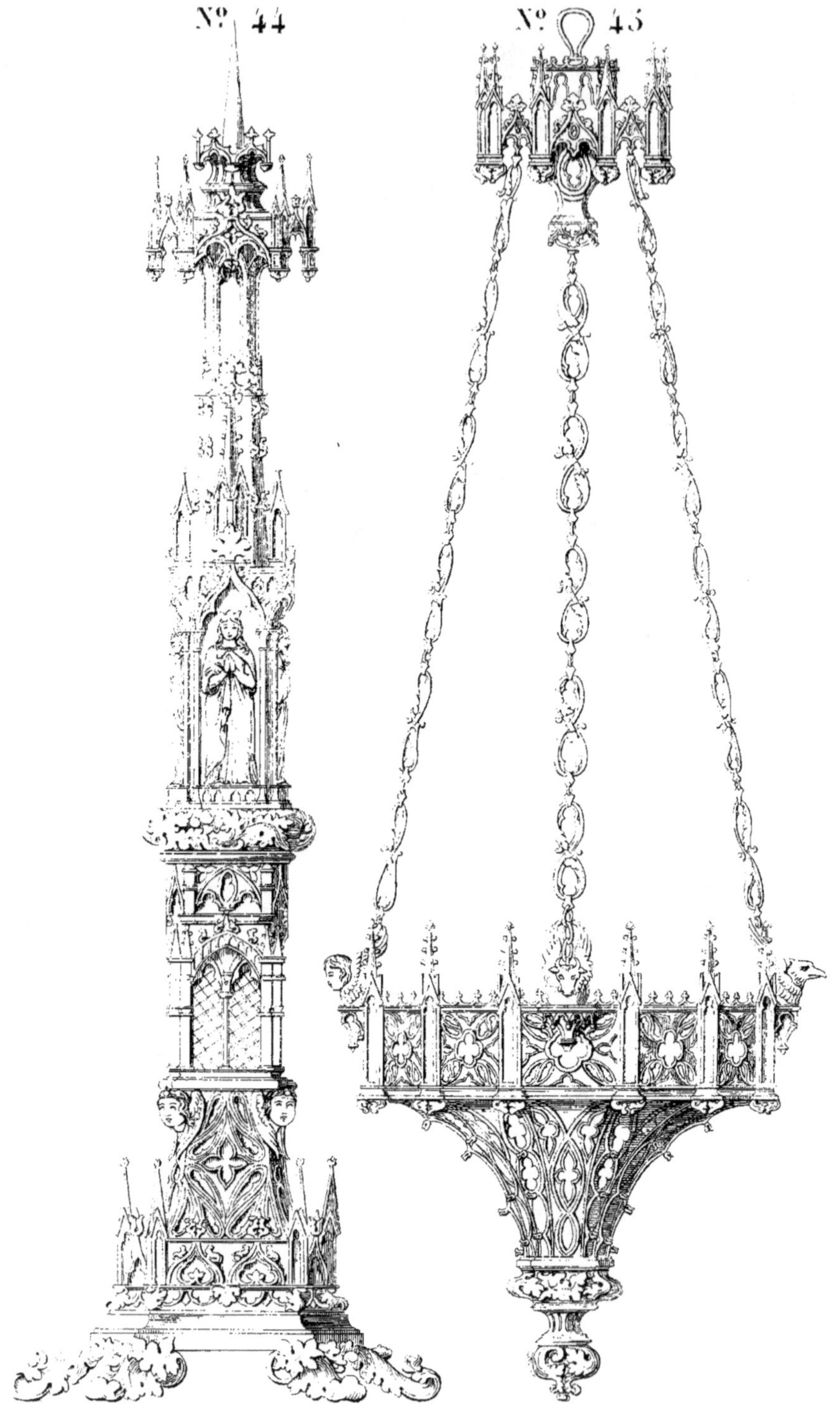
Nº 44
Nº 45

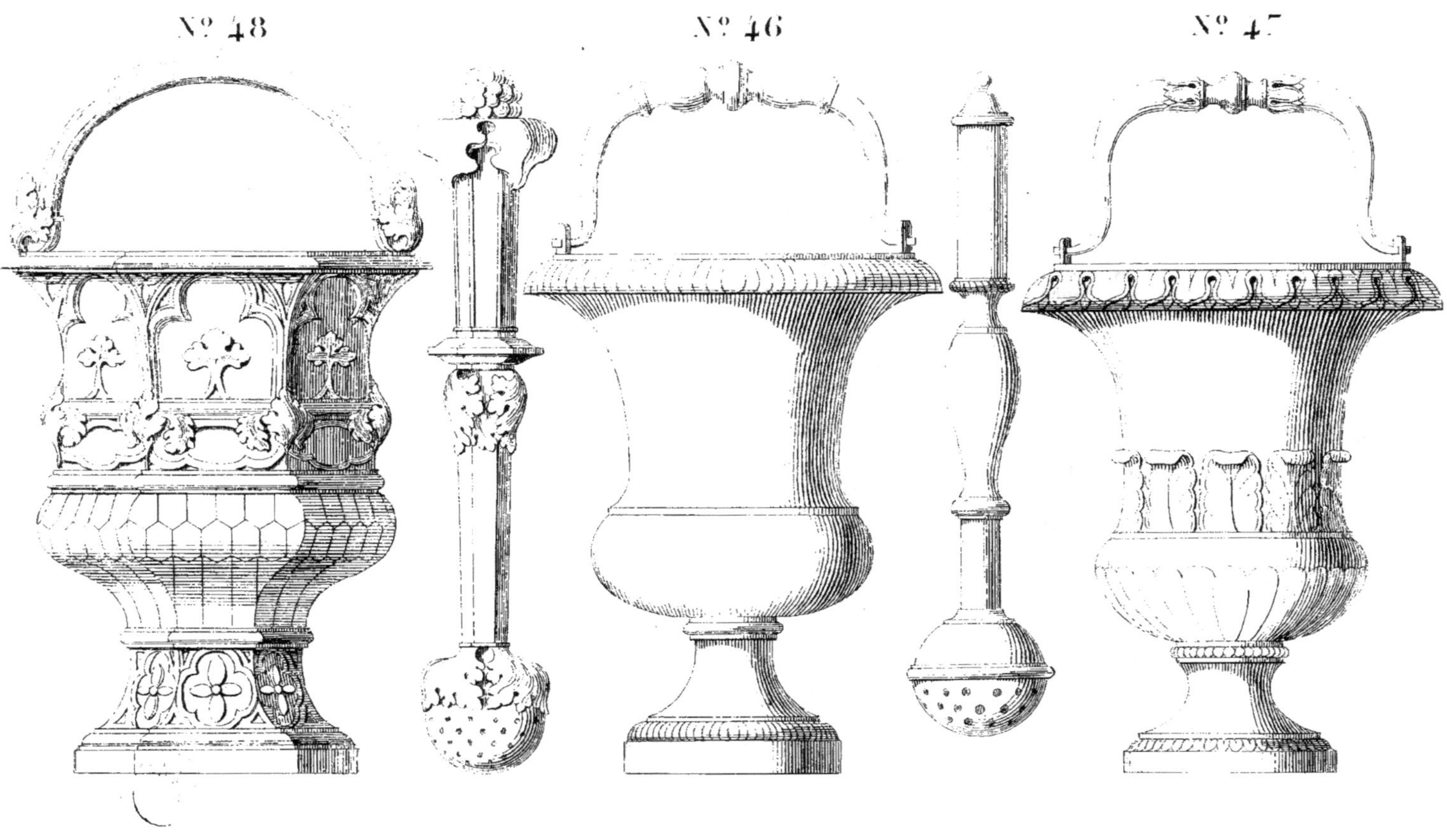
31
N.º 48
N.º 46
N.º 47

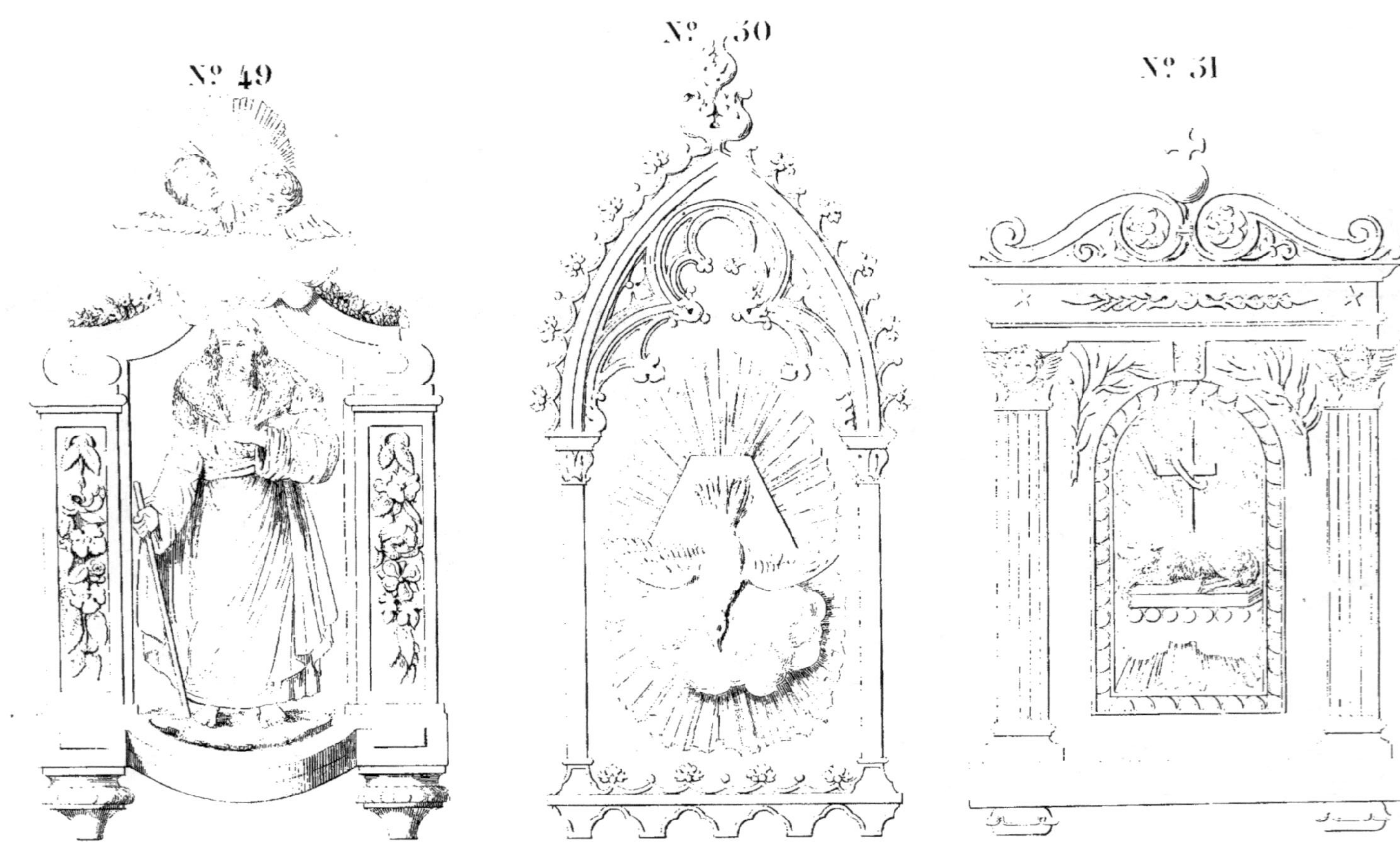
N° 49
N° 50
N° 51

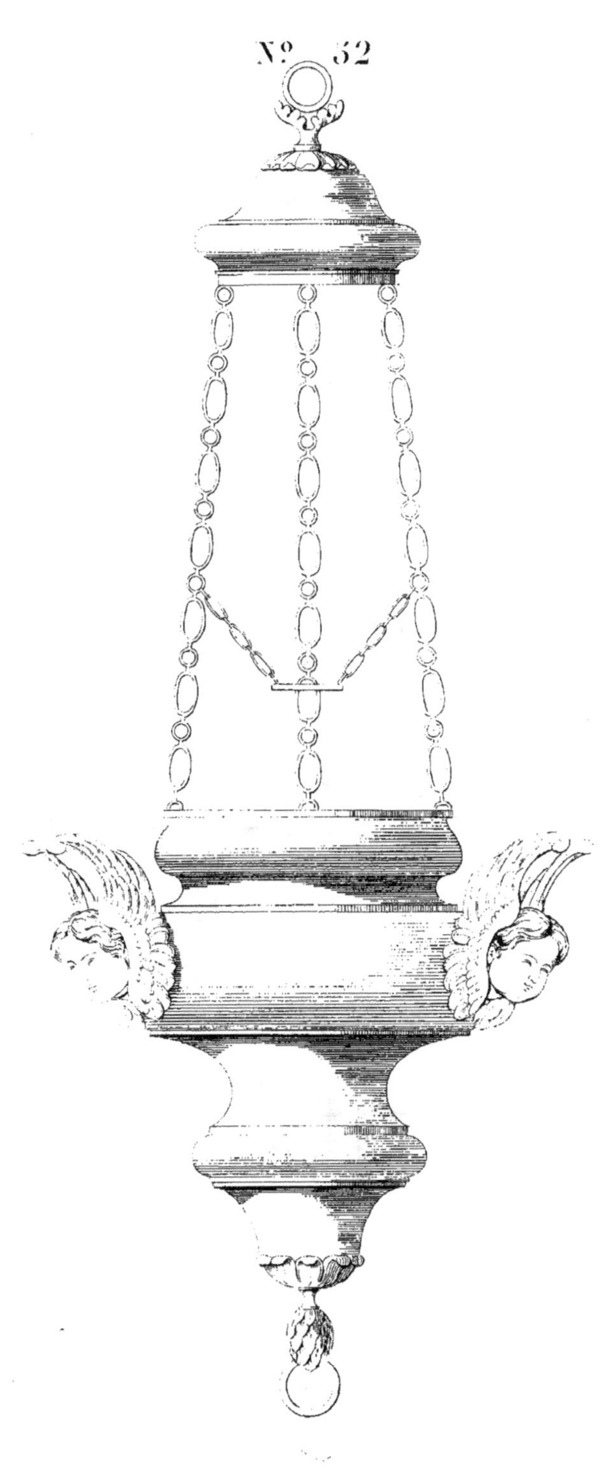
N.º 52

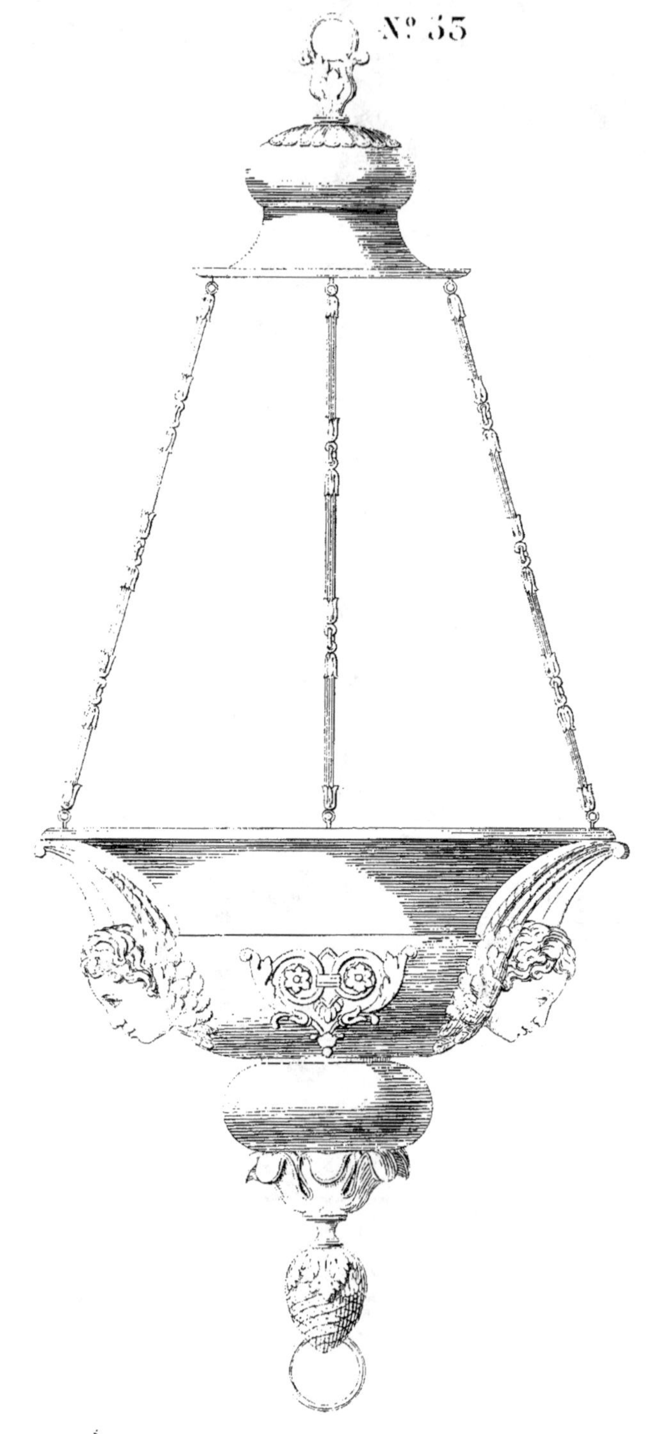

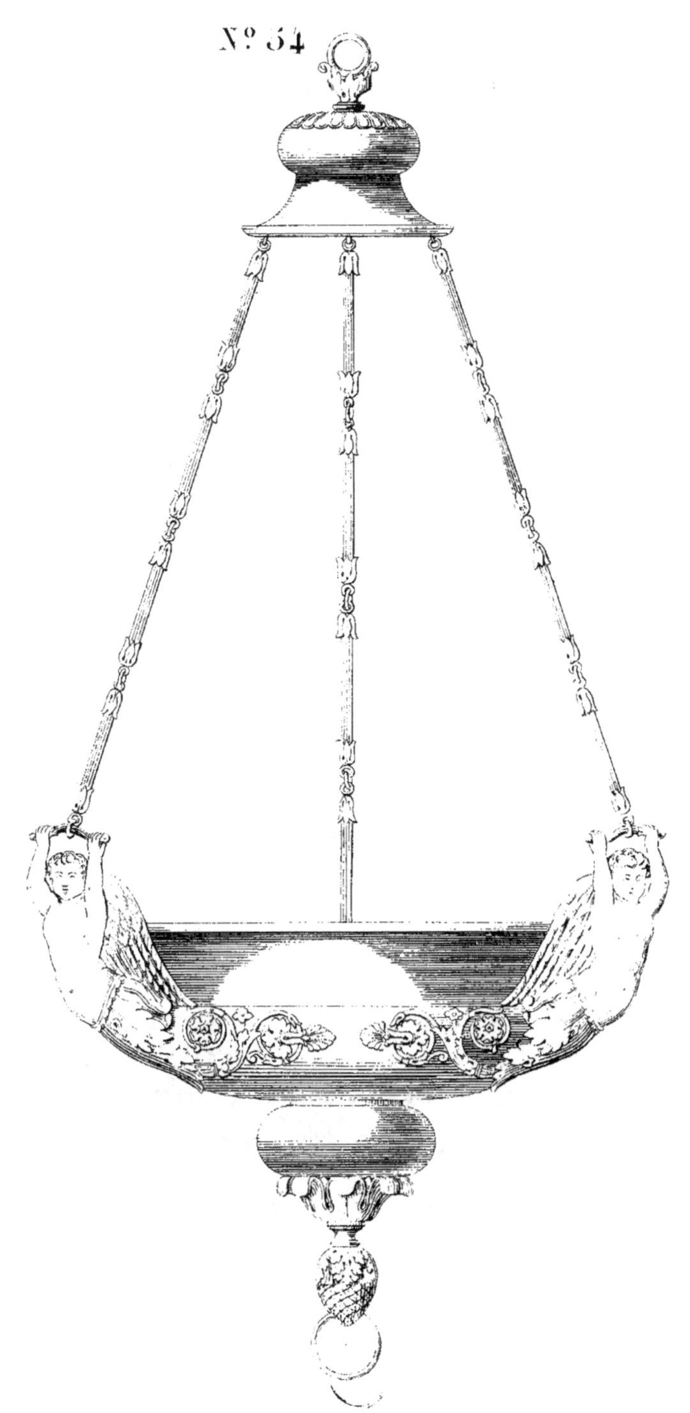
N.º 54

N.º 33

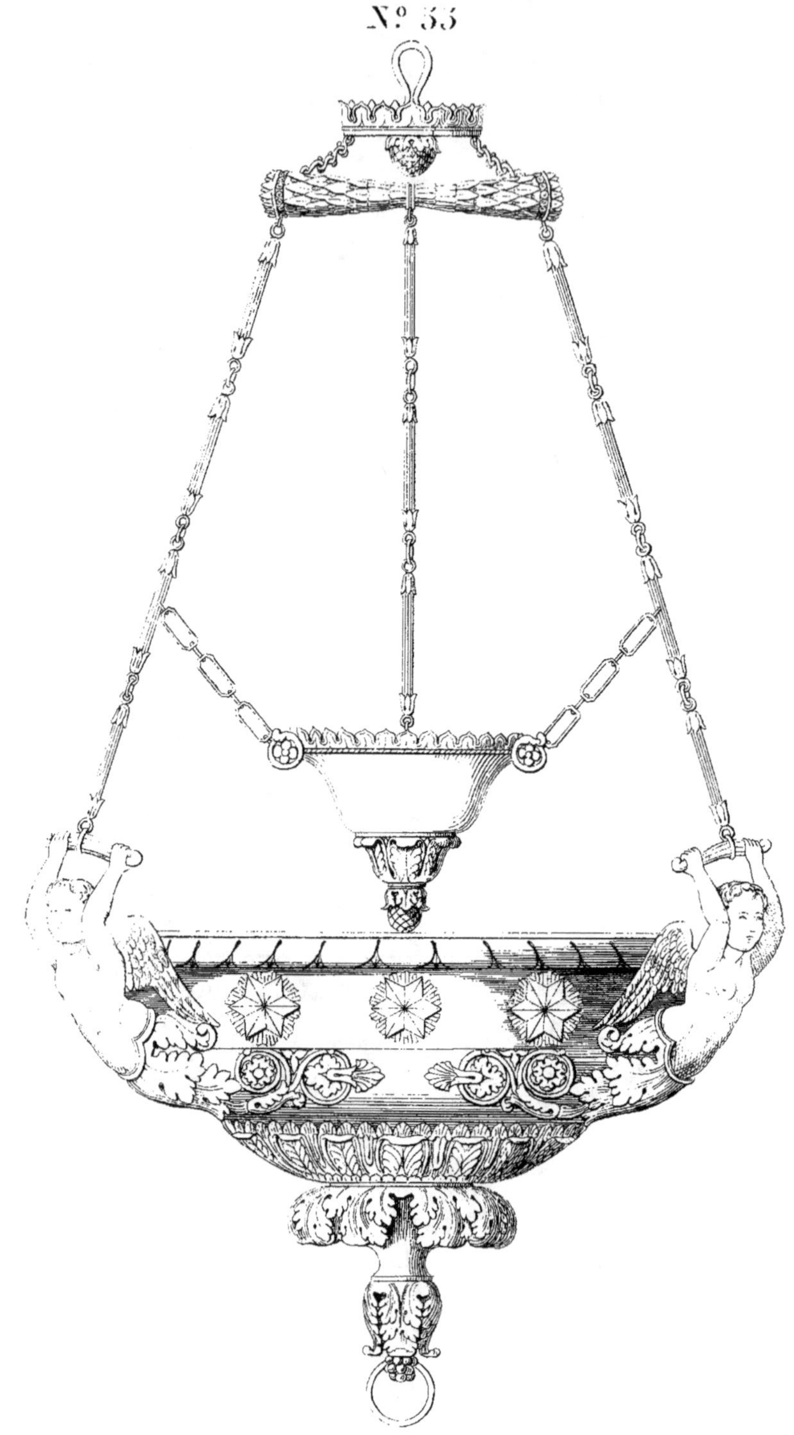

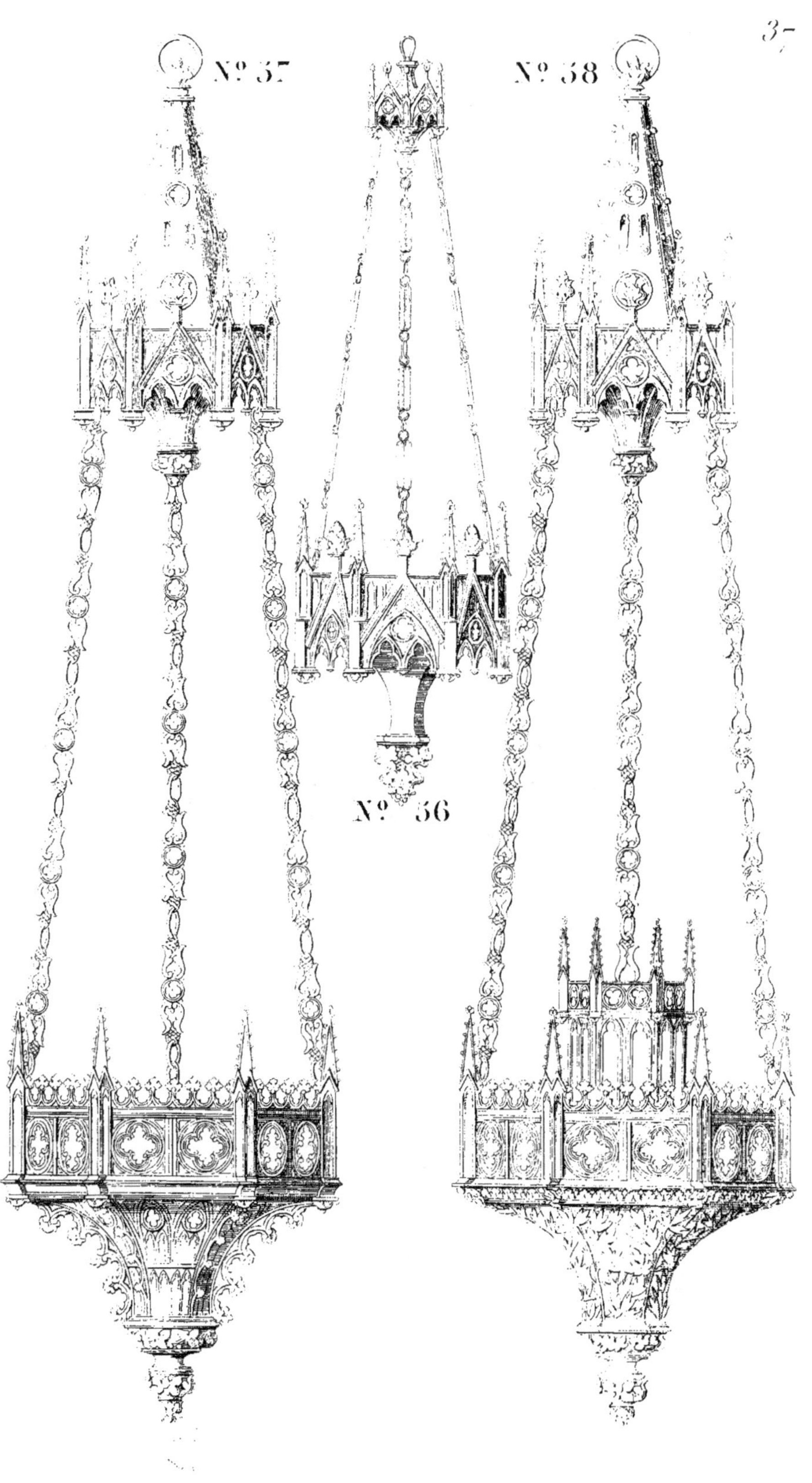

Nº 37
Nº 38
Nº 36

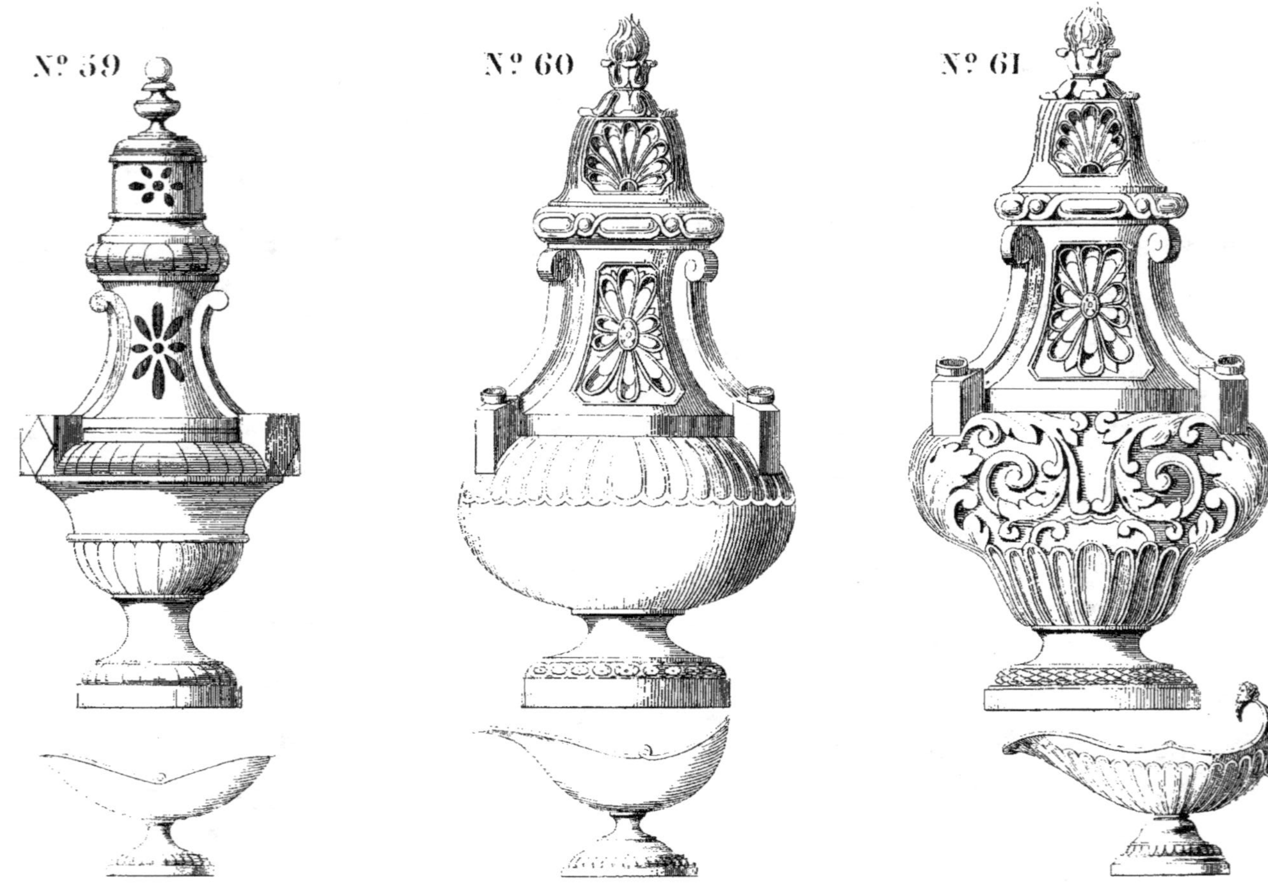

N° 59
N° 60
N° 61

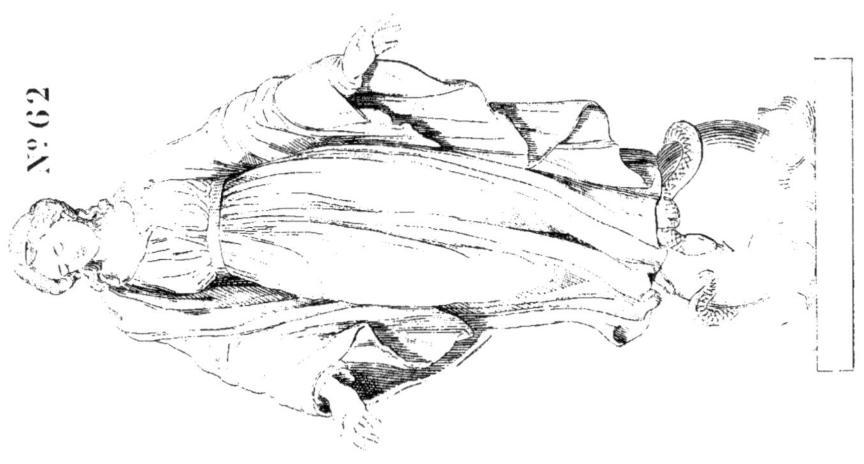

N° 62

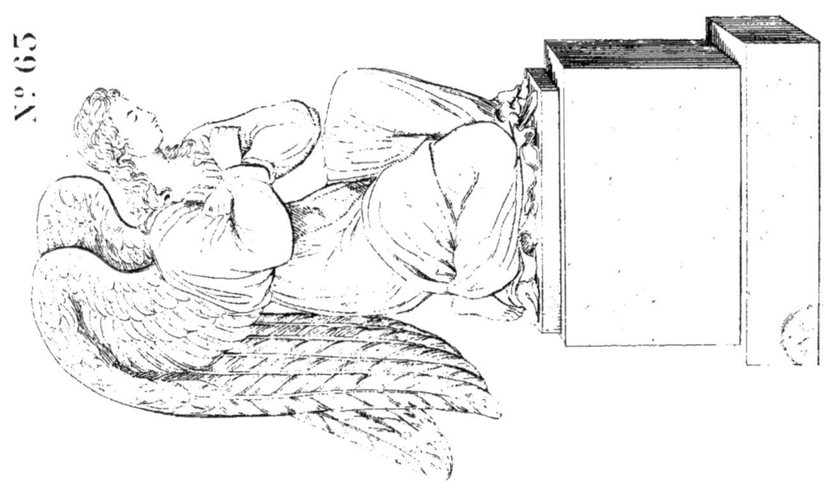

N° 65

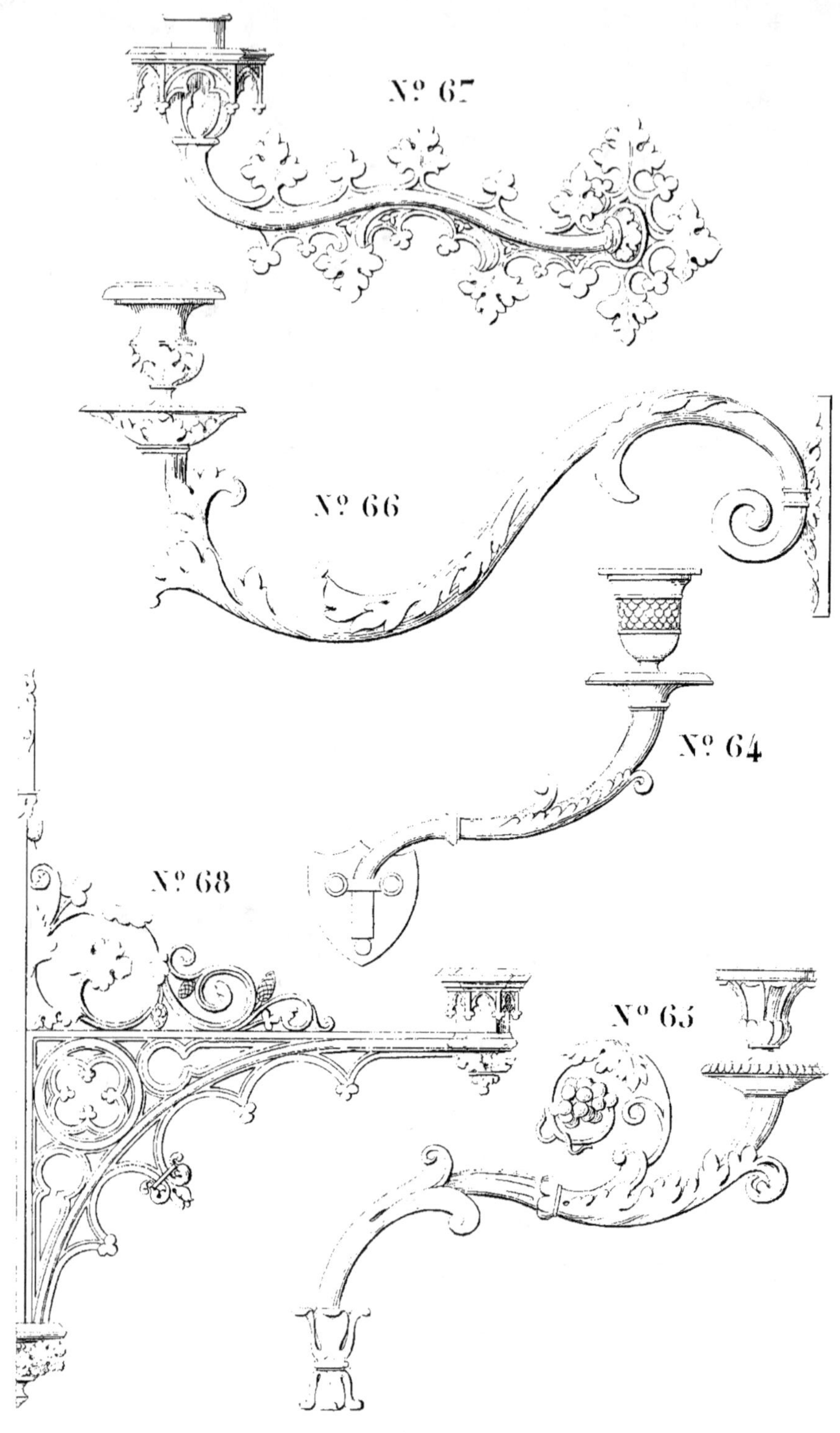

Nº 67
Nº 66
Nº 64
Nº 68
Nº 65

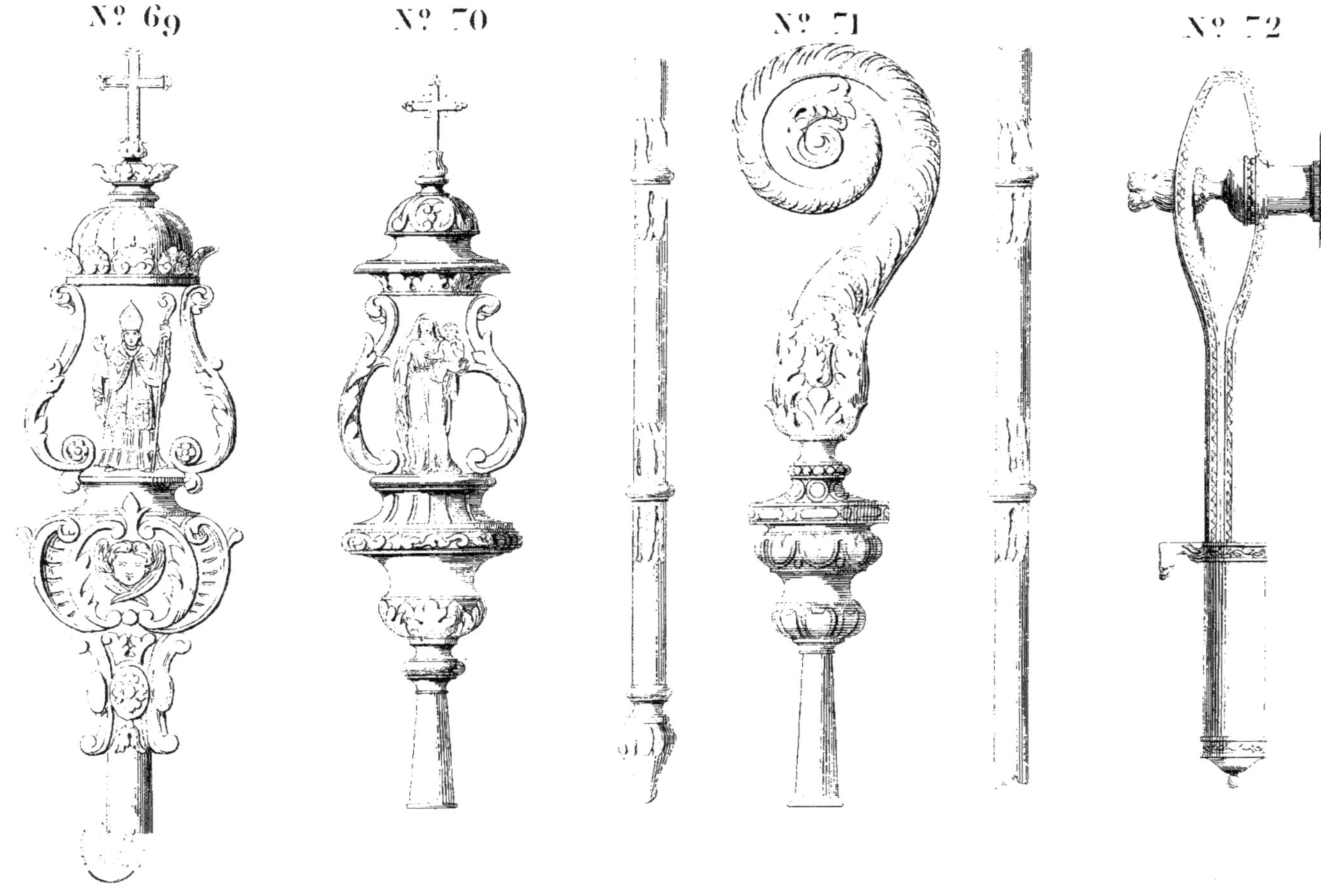

N° 69
N° 70
N° 71
N° 72

Nº 75

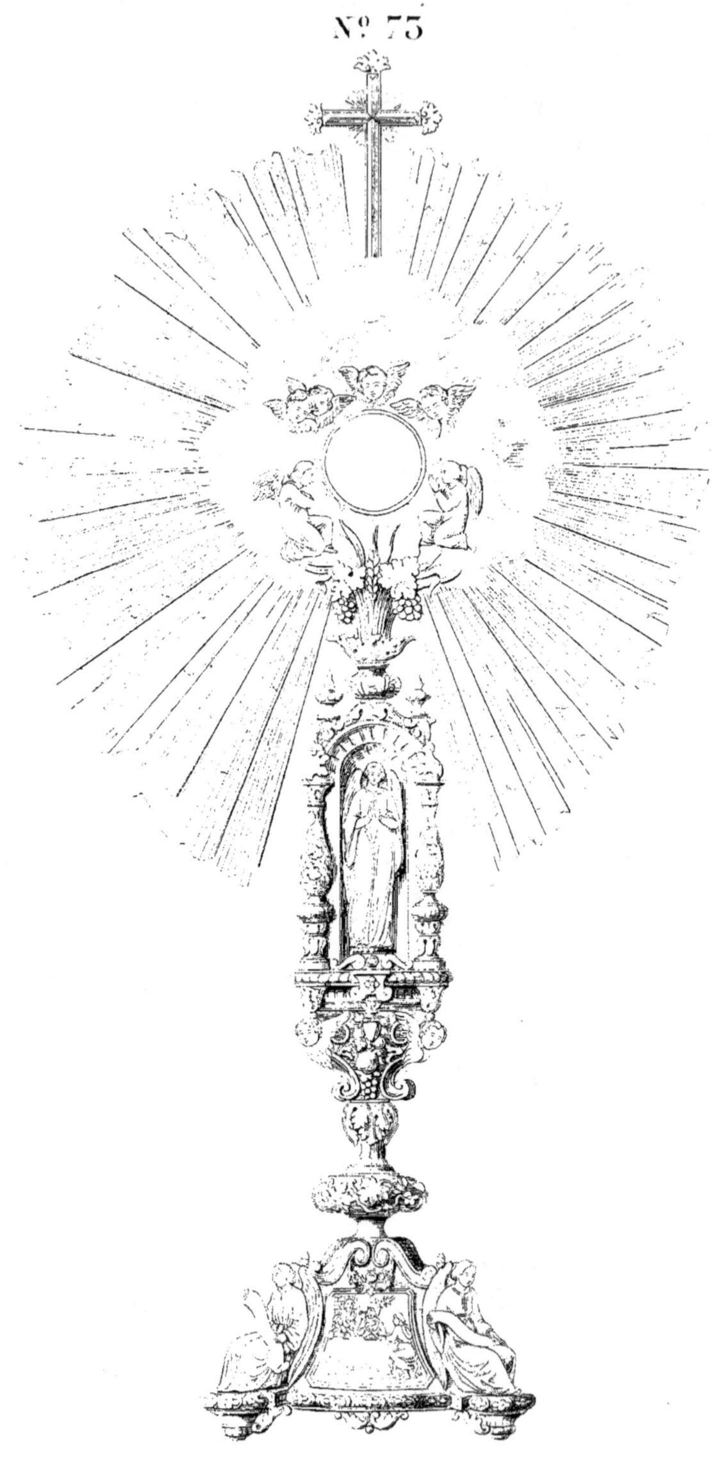

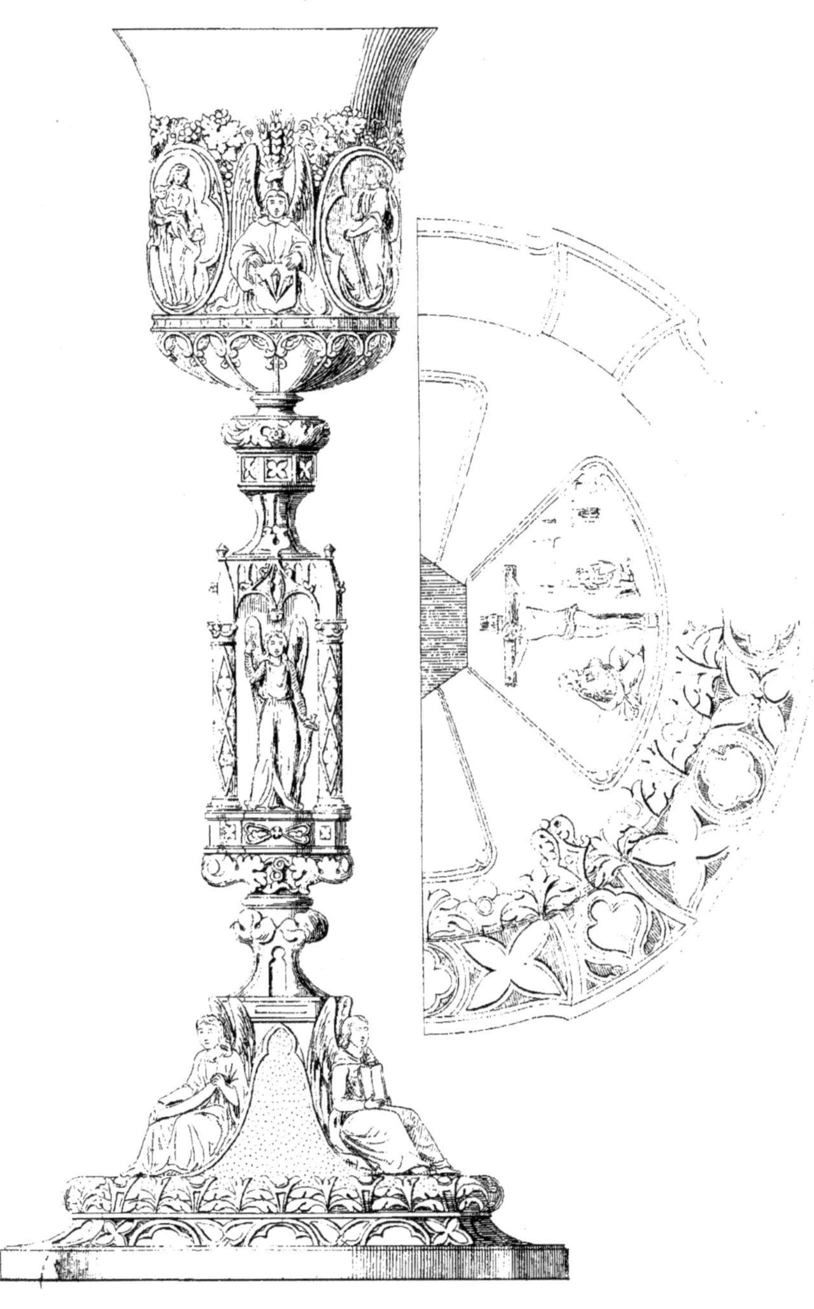

Nº 74

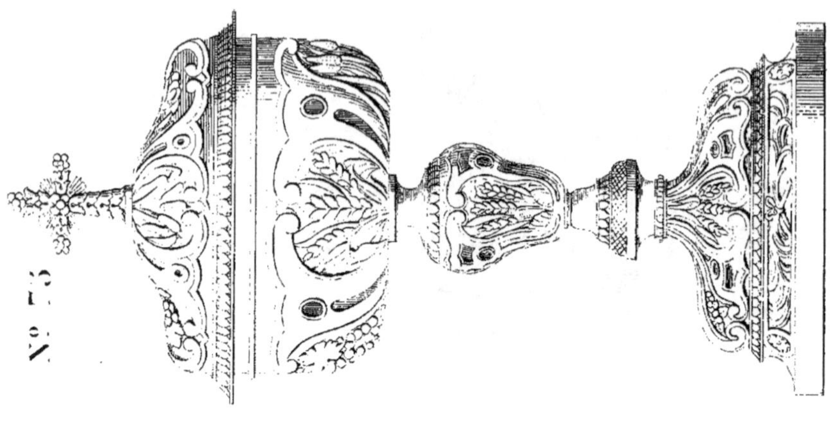

№ 75

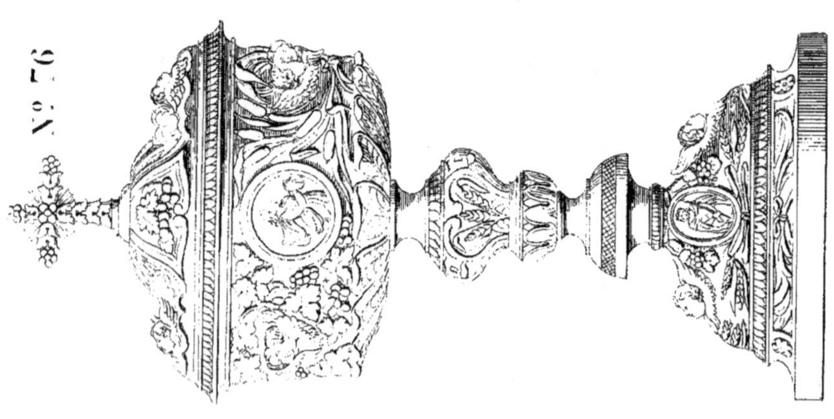

№ 76

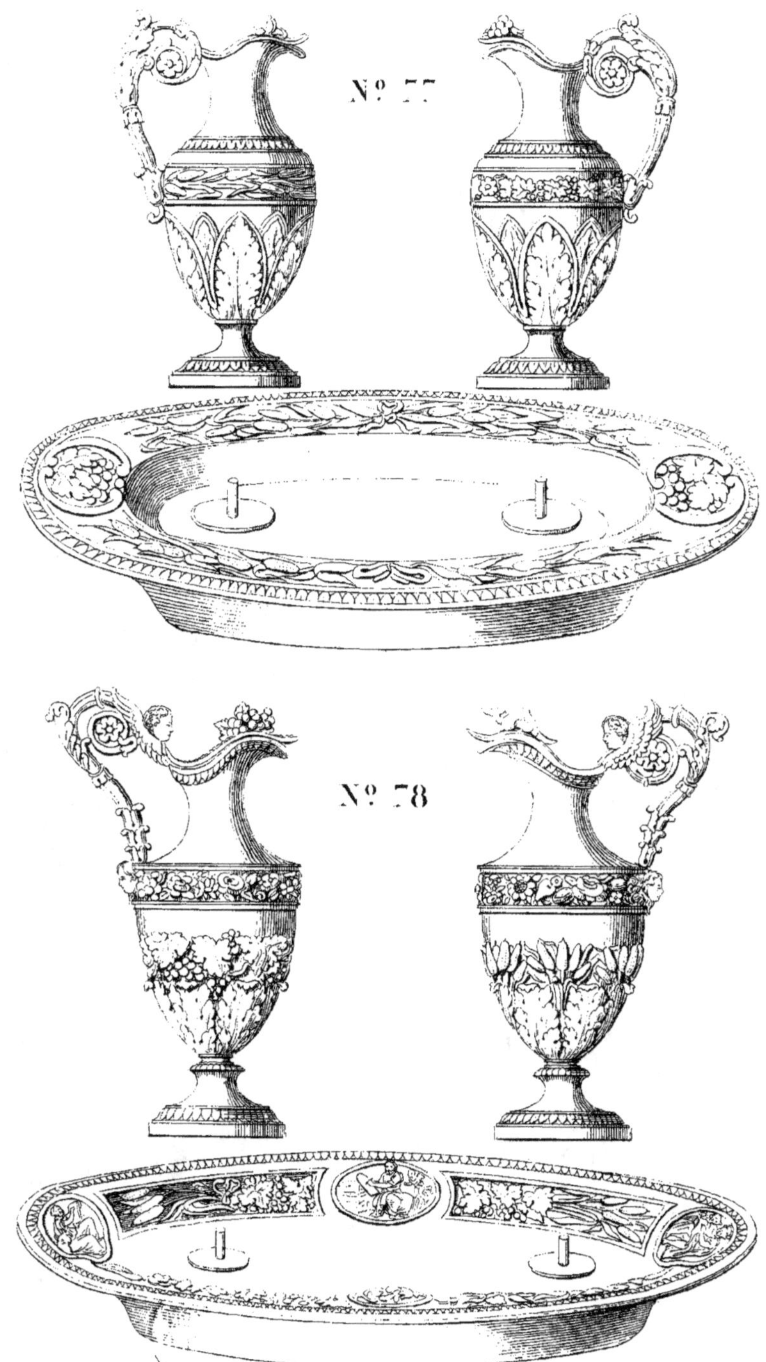
Nº 77
Nº 78

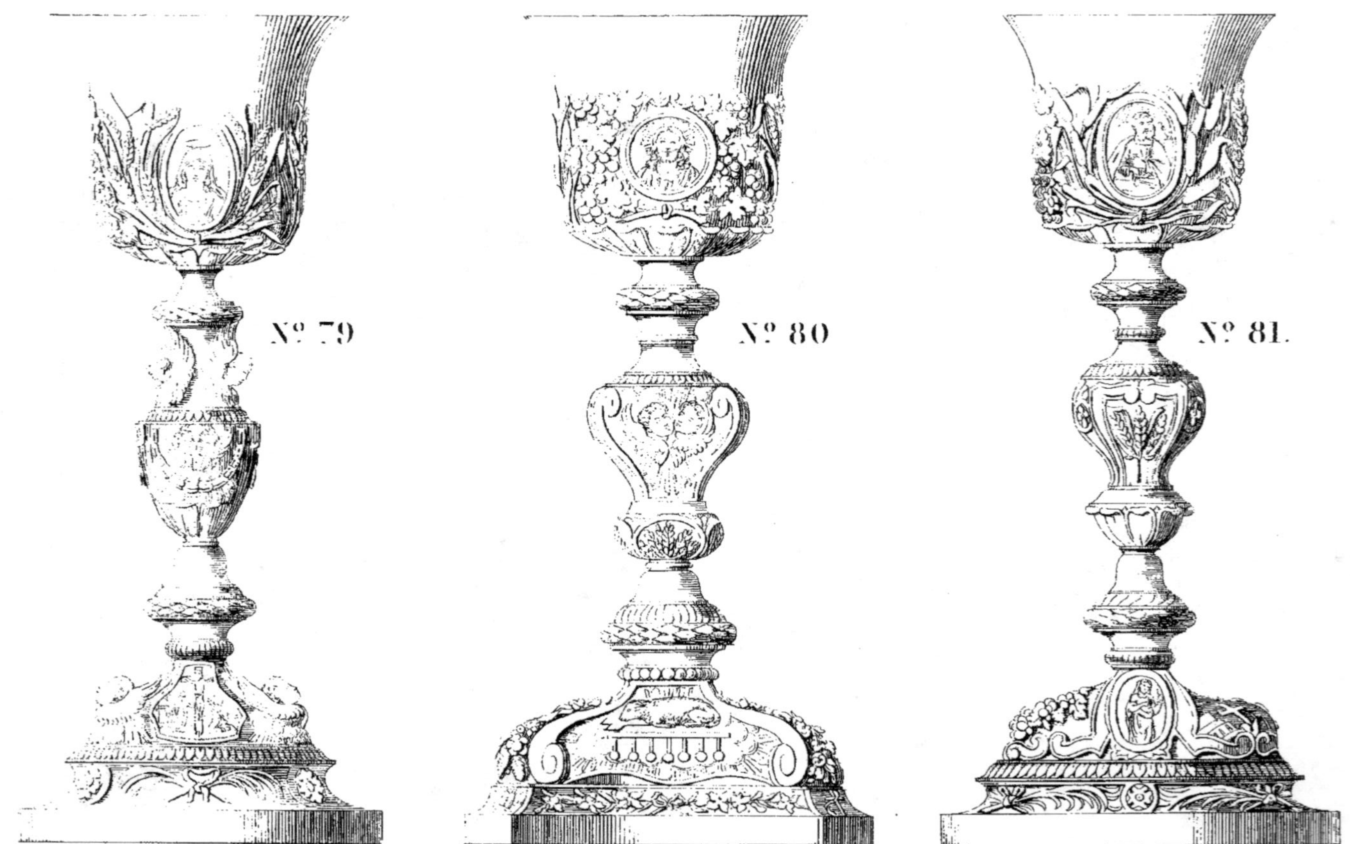
N° 79.
N° 80.
N° 81.

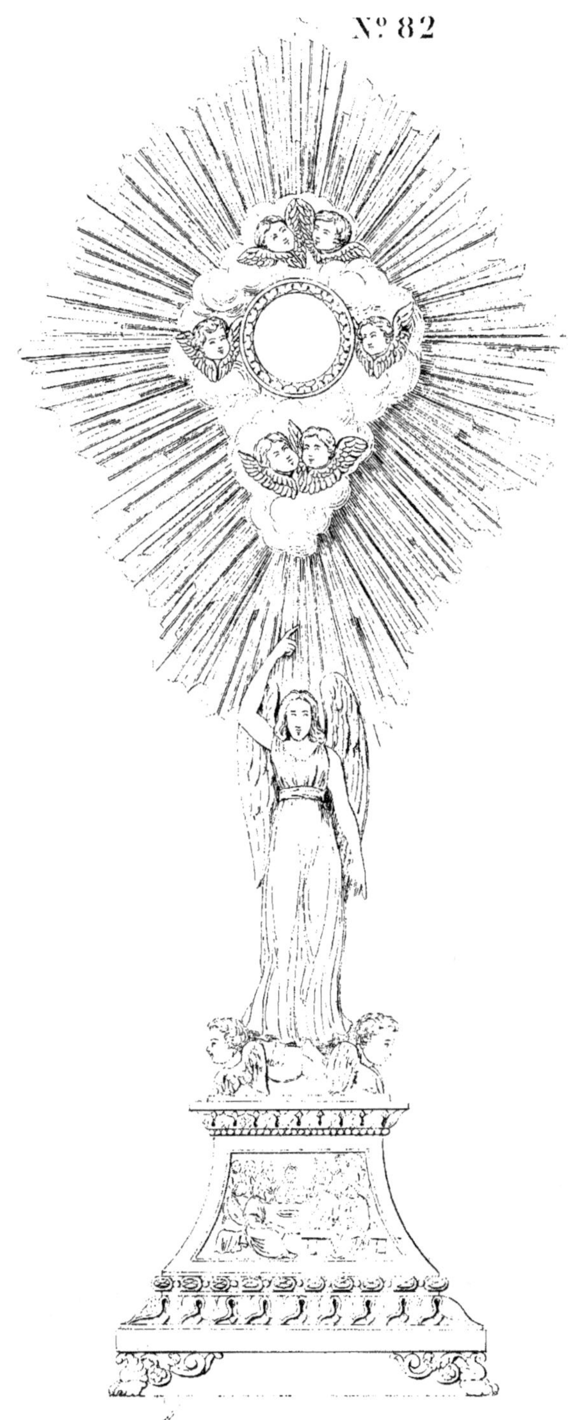
N.º 82

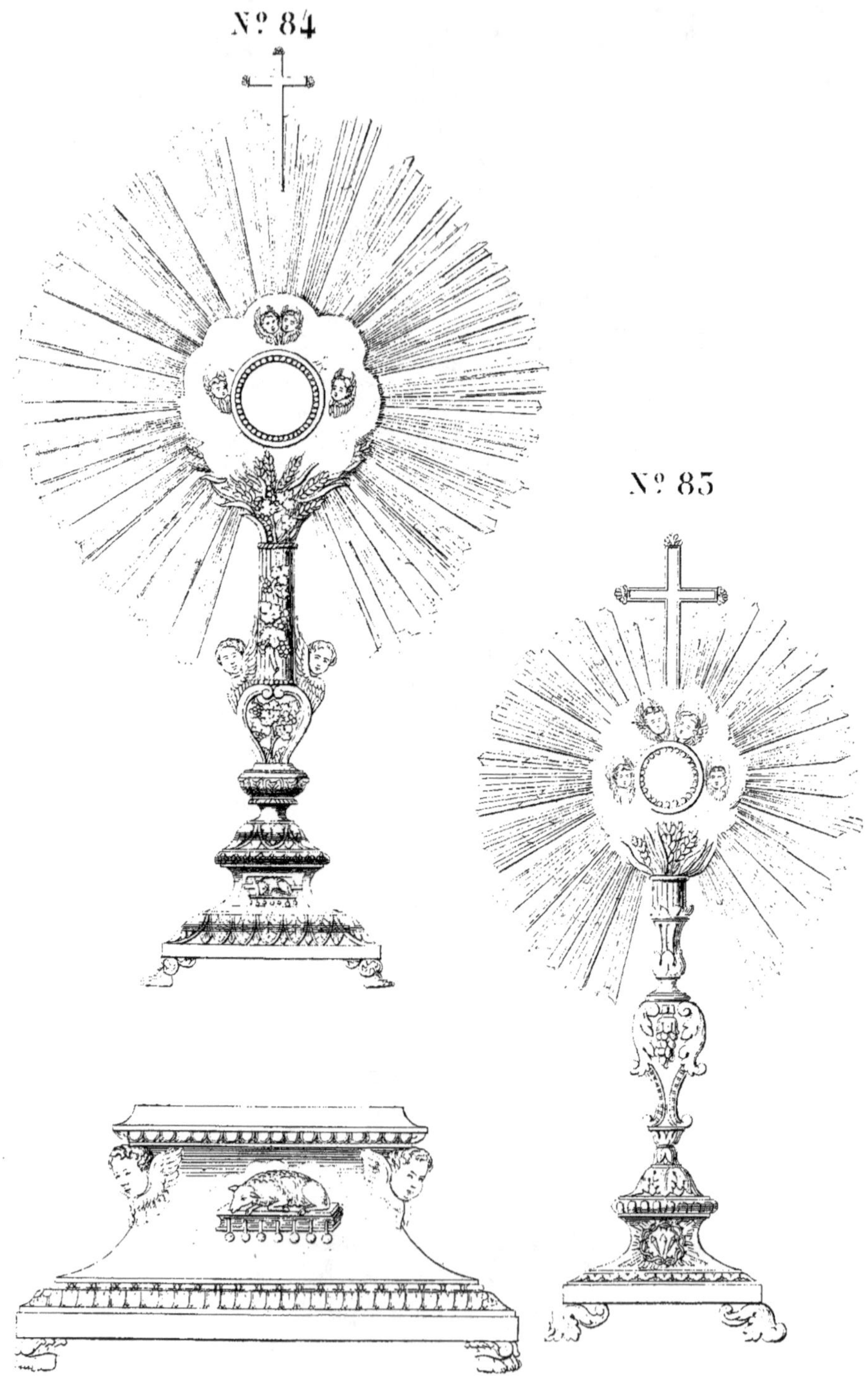

Nº 84
Nº 85

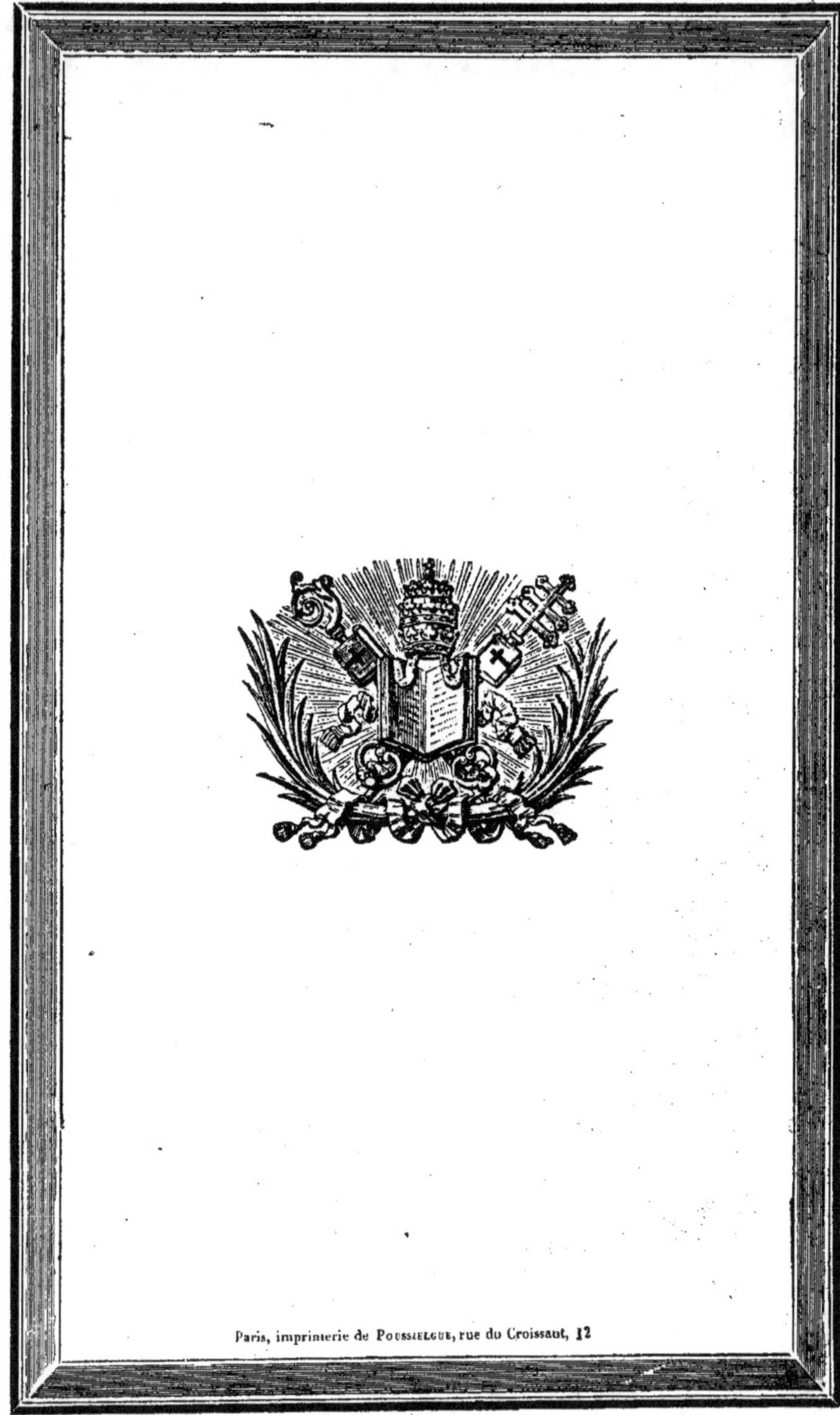

Paris, imprimerie de Poussielgue, rue du Croissant, 12

ANCIENNE MAISON CHOISELAT-GALLIEN.

FABRIQUE
DE BRONZES
POUR LES ÉGLISES.

P. POUSSIELGUE-RUSAND

FABRICANT DE N. S. P. LE PAPE

RUE CASSETTE, 15, PRÈS SAINT-SULPICE, PARIS.

MANUFACTURE
D'ORFÉVRERIE
VASES SACRÉS, ETC.

On a fait depuis quelques années aux produits de ma maison une telle réputation de cherté, qu'il devient important de la réfuter par des preuves. C'est dans ce but que je présente à MM. les Membres du Clergé quelques spécimens de prix qui leur permettront de juger de l'inexactitude de l'opinion qu'on s'en est généralement formée.

CALICES

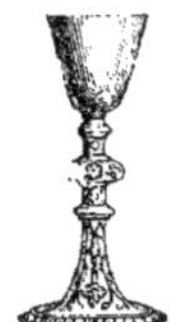

MOYEN AGE	ORDINAIRES
TOUT ARGENT	à pied de bronze argenté
avec étui	coupe et patène argent depuis 45 fr.
23 cent. de haut)	TOUT ARGENT CISELÉ
depuis 125 fr.	depuis 125 fr.

BURETTES

MOYEN AGE	ORDINAIRES
argent, plateau argenté depuis 100 fr.	argent, plateau argenté dep. 80 fr.; cristal, montées en argent, plateau riche, bronze argenté, depuis 70 fr.
EN CRISTAL MONTÉES EN ARGENT	tout bronze argenté, depuis 30 fr.
depuis 75 fr.	

CIBOIRES

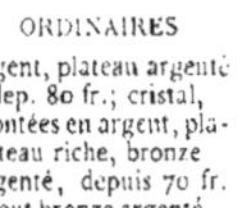

MOYEN AGE	ORDINAIRES
argent, coupe et couvercle dorés intérieurement depuis 75 fr.	pied bronze argenté et ciselé depuis 45 fr.

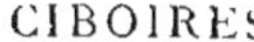

OSTENSOIRS

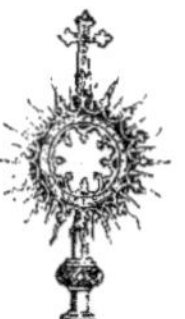

MOYEN AGE	A RAYONS DORÉS
tout argent (54 cent.) depuis 275 fr.	pied bronze argenté custode vermeil à deux glaces depuis 75 fr.
tout bronze doré depuis 180 fr.	autre modèle plus riche (60 cent.)
tout vermeil depuis 325 fr	depuis 100 fr.

CHAPELLES ÉPISCOPALES COMPLÈTES
(STYLE BYZANTIN)
TOUTES DORÉES, DEPUIS 1,200 FR.

AUTELS
AVEC
TABERNACLE, GRADINS ET EXPOSITION
DEPUIS 1,500 FR.

Propriétaire de tous les dessins d'orfèvrerie et de bronzes du R. P. MARTIN.

CHANDELIERS

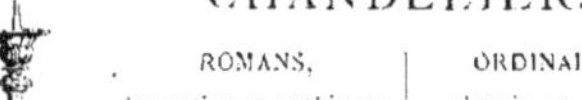

ROMANS,	ORDINAIRES
byzantins et gothiques depuis 40 francs la paire, bronze verni.	depuis 12 francs vernis et 17 fr. argentés.

CANDÉLABRES

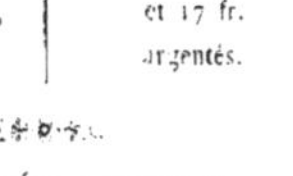

BYZANTINS	ORDINAIRES
5 lumières vernis depuis 55 fr.	5 lumières vernis depuis 45 fr.

LUSTRES
A 42 LUMIÈRES
ou six lampes modérateurs, vernis
depuis 300 fr.

COURONNES
DE LUMIÈRES
pour 16 bougies, avec peintures,
depuis 130 francs
bronze verni.

LAMPES

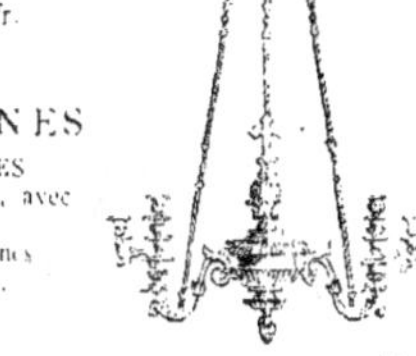

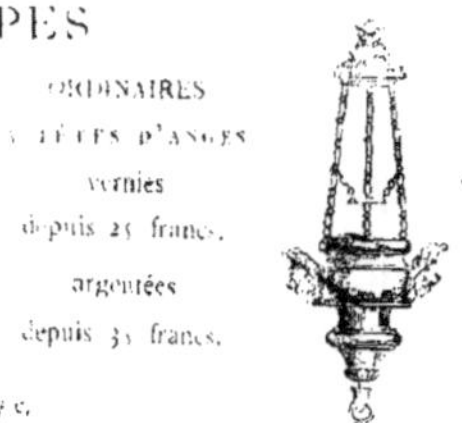

MOYEN AGE	ORDINAIRES
bronze verni découpées à jours, chaînes riches depuis 95 francs.	TÊTES D'ANGES vernies depuis 25 francs.
AUTRE MODÈLE depuis 50 fr.	argentées depuis 35 francs.

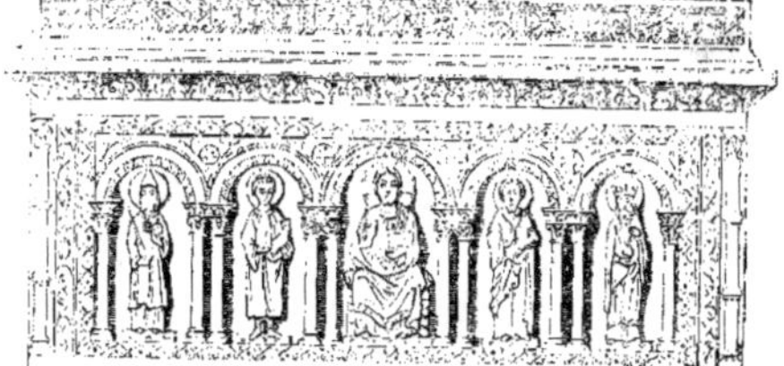

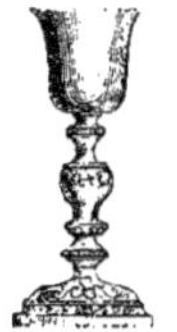
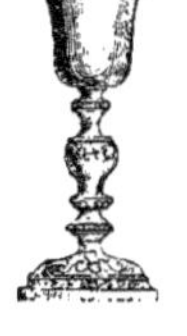
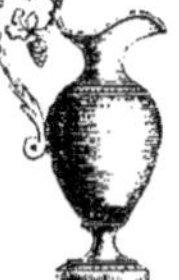
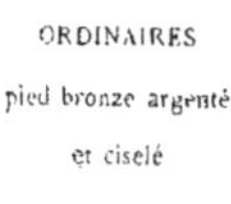
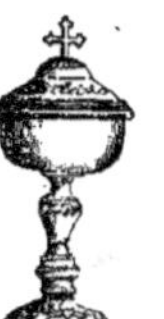
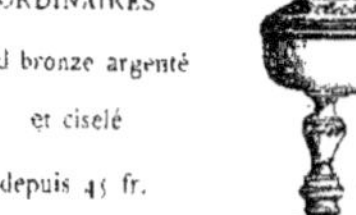
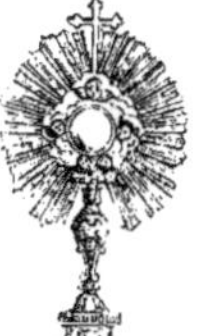

6 JAN. 1903

M^{LLES} POUSSIELGUE & CIE

PARIS
34, RUE CASSETTE, 34.

CHASUBLERIE, BRODERIE, LINGE D'ÉGLISE.

Nous avons l'honneur de vous prévenir que nous venons de donner à nos Magasins un agrandissement qui nous permettra de vous offrir un choix d'ornements beaucoup plus considérable que par le passé, ainsi que des étoffes et galons de qualités et dessins variés.

Vous trouverez également dans nos Magasins des Autels et Fonts baptismaux, que nous faisons exécuter par un habile sculpteur.

Nous espérons que vous voudrez bien nous honorer de votre confiance, et, dans cette attente, nous vous adressons un aperçu des prix auxquels nous pourrons désormais vous livrer les objets dont vous aurez besoin.

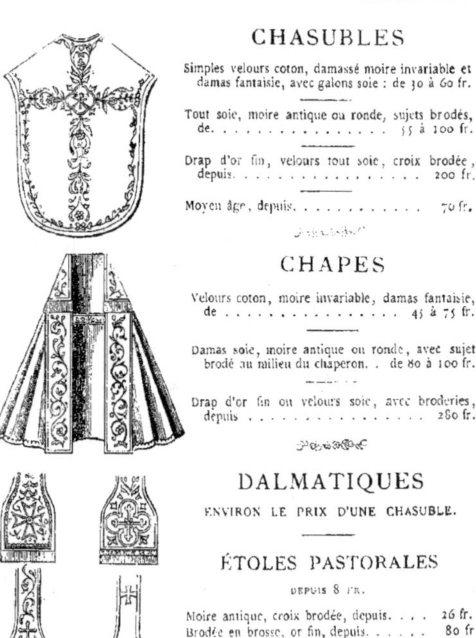

CHASUBLES

Simples velours coton, damassé moire invariable et damas fantaisie, avec galons soie : de 30 à 60 fr.

Tout soie, moire antique ou ronde, sujets brodés, de . . . . 55 à 100 fr.

Drap d'or fin, velours tout soie, croix brodée, depuis . . . . 200 fr.

Moyen âge, depuis . . . . 70 fr.

CHAPES

Velours coton, moire invariable, damas fantaisie, de . . . . 45 à 75 fr.

Damas soie, moire antique ou ronde, avec sujet brodé au milieu du chaperon. . de 80 à 100 fr.

Drap d'or fin ou velours soie, avec broderies, depuis . . . . 280 fr.

DALMATIQUES
ENVIRON LE PRIX D'UNE CHASUBLE.

ÉTOLES PASTORALES
DEPUIS 8 FR.

Moire antique, croix brodée, depuis . . . . 26 fr.
Brodée en brosse, or fin, depuis . . . . . . 80 fr

DAIS
AVEC MONTURE ET PANACHE
depuis 200 fr.
MOIRE OU DAMAS, SUJETS BRODÉS
depuis 140 fr.

OMBRELLINOS
depuis 32 fr.

BANNIÈRES
DEPUIS 55 FR.

ÉCHARPES & VOILES A BÉNÉDICTION
DEPUIS 15 FR.

DRAPS MORTUAIRES
TOUT LAINE, DEPUIS 30 FR.

CHOIX
DE CEINTURES, RABATS, CORDONS D'AUBE, BOURSES A QUÊTER.

HABILLEMENTS D'ENFANTS DE CHŒUR.

LINGE D'ÉGLISE

Aubes en batiste, garnitures brodées, depuis . . . . 15 fr.
— en batiste, tout fil, depuis . . . . 17 fr.
— avec tulles brodés, depuis . . . . 25 fr.
Rochets à manches, batiste fil . . . . 12 fr.
Amicts, Lavabos, Purificatoires, Corporaux, assortiment de Rochets à la romaine, de Surplis, de Garnitures et Nappes d'autel en tout genre.

AUTELS COMPLETS
RETABLES, CHAIRES A PRÊCHER, STALLES
FONTS BAPTISMAUX, STATUES
En marbre, pierre et bois, de tous prix.

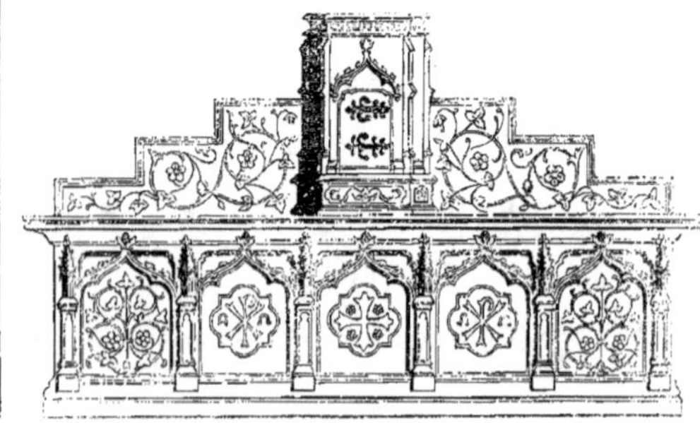